Cala a boca e me beija

DO MESMO AUTOR

Doce Deleite (Civilização Brasileira, 2009)

Pássaros de voo curto (Record, 2008)

Urgente é a vida (Record, 2004)

A caravana da ilusão (Civilização Brasileira, 2000)

Teatro de Alcione Araújo (Civilização Brasileira, 1999):
   Vol. 1 – *Simulação do naufrágio*
   Vol. 2 – *Visões do abismo*
   Vol. 3 – *Metamorfoses do Pássaro*

Nem mesmo todo o oceano (Record, 1998)

ALCIONE ARAÚJO

Cala a boca e me beija

EDITORA RECORD
RIO DE JANEIRO • SÃO PAULO
2010

CIP-BRASIL. CATALOGAÇÃO-NA-FONTE
SINDICATO NACIONAL DOS EDITORES DE LIVROS, RJ

A687c Araújo, Alcione, 1945-
Cala a boca e me beija / Alcione Araújo. – Rio de Janeiro:
Record, 2010.

ISBN 978-85-01-09117-8

1. Crônica brasileira. I. Título.

10-5614

CDD: 869.98
CDU: 821.134.3(81)-8

Copyright © Alcione Araújo, 2010

Capa: Victor Burton

Texto revisado segundo o novo Acordo Ortográfico da Língua Portuguesa.

Direitos exclusivos desta edição reservados pela
EDITORA RECORD LTDA.
Rua Argentina 171 – Rio de Janeiro, RJ –20921-380 – Tel.: 2585-2000

Impresso no Brasil

ISBN 978-85-01-09117-8

Seja um leitor preferencial Record.
Cadastre-se e receba informações sobre
nossos lançamentos e nossas promoções.

EDITORA AFILIADA

Atendimento e venda direta ao leitor:
mdireto@record.com.br ou (21) 2585-2002.

Para Carolina,
minha filha,
minha fonte de alegria e de luz

Sumário

Apresentação	9
Desquitada	13
Fogueira no coração	16
A invisível	20
O amor é um buraco no coração	23
A esperança nos pequenos gestos	26
Piedade	29
Presente	32
Língua feminina	35
Arrivederci, Papai Noel	38
O beijo do entendimento	42
O homem que não sonhava	45
O sedutor	48
Um anjo no céu	51
Tudo é relativo	54
Decifra-me ou te devoro	57
Dona Alcione	60
Pelo amor a estar vivo	64
Amor e ética	67
Amor em torpedos	71
Ligações perigosas	74
Bela, bela vida	77
Provação	80
Presente eterno	84
A vida é ruim, mas é boa	87
Quem mói no asp'ro não fantaseia	90
O apóstrofo	93
A felicidade bate à sua porta	96
Sem parar de cantar	99
À beira da estrada	102
O crachá	105
Pedala, Damião	109
Seria cômico, não fosse sério	112

Nem tudo está perdido	116
Poder invisível	119
Cala a boca e me beija	122
Arte para quê?	125
Vovô não viu o voo	129
O penduricalho	132
Mistérios insondáveis	135
O dia dos eternos enamorados	138
Marginália	142
Gravidez indesejada	146
Meu sonho se confunde comigo	149
Como as patas de um cavalo	152
O Barba-Azul	156
O princípio e o fim	159
O jovem e o mar	163
Sinistro ameaça carnaval	166
A busca	170
Meus mortos jazem em mim	173
Sherazade espantada	176
Vícios pessoais, virtudes estatais	179
O decote	182
Se acaso o seu olhar...	186
Dramaturgia e analfabetismo funcional	189
Sexo é banal, amor é transcendental	192
Papo cabeça	196
Eu bem que avisei	199
Se eu te amar, toma cuidado	202
Razão e emoção	205
O futuro não chega nunca	208
A vida é uma mulher ao lado	212
O centauro e o abismo	215
Maneiras de dizer	218
No crepúsculo do outono	221
Dona Celma	224
A crise de Wall Street	227
Validade vencida	230
Encontros na esquina	233
Morte e ressurreição	236

O que é uma crônica, o que é a crônica de Alcione Araújo?

Uma crônica é um texto que relata acontecimentos que tenham chamado a atenção do autor, e não apresenta limites precisos.

Classificada como expressão literária híbrida ou múltipla, ela pode assumir várias formas — diálogos, monólogos, entrevistas —, apresentar personagens reais ou imaginárias, servir de confessionário ou apelo e assim por diante. O certo é que ela implica a visão pessoal do criador — uma análise subjetiva frente a um fato cotidiano. Pode, portanto, ser o estímulo à sua poesia inerente ou ratificar as suas características de contador de casos e histórias.

A crônica, pois, é o reflexo do autor. É o seu poder de recriação da realidade, a tradução da sua subjetividade e a transcriação de sua sensibilidade relatada em um espaço delimitado. Já disseram que a vida é curta; talvez por isso caiba numa crônica.

Neta do folhetim, ela está sujeita a transitoriedade e pode ser fugaz como o jornal de ontem. Mas tudo depende do cronista — lembrem-se dos escritos folhetinescos de

Machado de Assis. Ela sobreviverá quando seu criador agarrar seu leitor pelo coração, ou colarinho, e, no dia seguinte à sua publicação, o jornal velho tiver uma folha a menos.

O livro que você tem em mãos é uma seleção de setenta crônicas, dentre mais de duzentas, de Alcione Araújo publicadas no jornal *Estado de Minas*, para que os jornais (mesmo velhos) não precisem mais ser recortados.

"Cala a boca e me beija" é um título sugestivo — apesar de ser uma ordem, nunca um pedido, que, se cabe na boca de qualquer um, se afirma é na exigência da juventude, a qual tem a característica da urgência.

Como um anticronos, o autor parece a cada dia rejuvenescer nos seus temas e perfaz um percurso do outonal ao adolescente, buscando no futuro os fractais da infância.

Bom ressaltar que em uma época de contaminações midiáticas os gêneros se misturam e muitas vezes uma modalidade literária, como a crônica, pode ser vista — ou melhor, lida — como um ensaio ou uma peça teatral de um só ato. Isso é notado em, por exemplo, "Mistérios insondáveis" (o ensaio) e em "*Arrivederci*, Papai Noel" (o único ato).

Erudito na simplicidade, como em "Marginália", o autor deixa-se cair no escracho de "O crachá", na qual trafega da etimologia da palavra ao incômodo causado pelo objeto em si.

Em "Meus mortos jazem em mim", com a sensibilidade à flor da pele, vemos o amor incondicional que reserva à memória dos que fizeram sua história e já não estão — pura homenagem à construção da vida.

"Provação" é uma das suas mais belas crônicas. O temor a Deus e o absurdo da situação bíblica mostram que o escritor é um homem apaixonado pela paternidade — e pela vida, o que o leva a escrever sobre o que poderia não ter escrito, levando-se em conta que "religião não se discute".

Não se engane, caro leitor, cara leitora: com certeza você se verá sob vários títulos. Caso adolescente, ou um pouco mais velho, isto é, apenas jovem, rirá com "A crise de Wall Street", "Papo cabeça", tomará seu amor nos braços e dirá: *Cala a boca e me beija*. E se achará nos medos dos adultos que já foram tão crianças quanto você como em "Poderes invisíveis", por exemplo.

Assim é este livro, a face e alma do autor que tem por intermédio de seus escritos o contato direto com seus leitores, os quais, por e-mails, elogiam, reclamam, mandam-lhe regalos e pedem conselhos. Alcione é um homem *on-line*, e, também por isso, contemporâneo. Vive e escreve no estado constante de amor ao que e a quem o cerca. Ama, portanto, o amor.

Misterioso, engraçado, macambúzio, sorumbático, alegre, intelectual, filósofo (além de engenheiro), conta casos do Rio, do seu mineiro Leblon e do mundo com a agudez de um poeta olheiro nem um pouco míope, o que ele ironicamente tende a ressaltar. Mas nenhuma observação ou palavra é escolhida ao acaso, o que faz com que seu leitor sempre se veja dentro de sua crônica.

Nada é por acaso, nem seu próprio nome. Alcione é um nome peculiar para homens — aliás, o Araújo é o único espécime masculino que conheço. Ele já disse que na verdade se chamaria Alcíone e por erro de cartório perdeu o acento. Mas mesmo sem o agudo ele é o típico representante da palavra que o nomina. Alcíone — ou Alcione para nós

— é, em termos de dicionário, uma ave de canto plangente, considerada pelos gregos de bom augúrio, porque passava para fazer seu ninho no mar, quando calmo — leia em "Dona Alcione". É, também, a estrela central da constelação de Plêiades, em torno da qual gira o sistema solar. O nome acarreta-lhe uma enorme responsabilidade, e talvez seja por isso que ele nunca deixa cair a peteca, ao escrever com a leveza de um pássaro e sempre escolhendo, naturalmente, temas que giram em torno do nosso universo cotidiano.

A cada semana o leitor, antes de chegar o jornal de onde foram tiradas essas crônicas, pergunta: O que ele escreverá? Falará sobre filosofia, cultura, sobre o mundo, sobre o amor, sobre crianças, avós, adolescentes? Ou contará sobre o amigo, as caminhadas, sobre as histórias ouvidas nos restaurantes ou no calçadão? Falará sobre nada?

Ah, não se assuste, já se falou que escrever crônicas é escrever sobre nada, e o nada de Alcione é muito. Ele revela em cada escrito que por trás de um ato aparentemente banal, sobre o nada, se esconde um universo de possibilidades prazerosas que é vital aproveitar em sua plenitude.

E agora, com você, descolado da página de jornal, Alcione Araújo, recomendado a adultos, jovens e adolescentes. Lê-lo faz bem a todos.

Glória Gomide
Doutora em Literaturas de Língua Portuguesa
Publicitária e professora da Faculdade de
Comunicação e Artes da PUC Minas

Desquitada

Crianças, era mínima a possibilidade de entendermos o mundo dos adultos. Não apenas pela rigorosa interdição de certos assuntos como também pela complicação criada pelos próprios adultos — que não sabiam conviver com a realidade nem, muito menos, traduzi-la para nós. Hoje, o mundo é mais aberto e os fatos, mais acessíveis, embora tenha perdido em encanto e humor.

Correu pelo bairro, em sussurros sob lençóis, atrás de portas, persianas e cortinas, em portões e salões, em costureiras, barbeiros e dentistas, que uma vizinha era desquitada — se já era ou se tornara, não sabíamos. A notícia varreu como ventania antes de temporal — restaram veladas suspeitas pairando no ar.

E nós, crianças, que quase não tínhamos passado, tínhamos mais o que fazer com o presente do que dedicá-lo à vida alheia — e o futuro... ora, o futuro não existia. Não sabíamos dizer se a desquitada tivera ou não algum marido antes — afinal, isso nada tinha a ver com o fato de ser desquitada! Filhos, não tinha.

O fato, insofismável e irremissível, pela autoridade hierárquica dos que acusavam, é que tínhamos uma vizinha desquitada — cruel condenação que, murmurada entre as grossas paredes de lares tidos como sacrossantos, tinha peso de maldição — terrível como lepra bíblica. Olhos se arregalavam, bocas se abriam, cabelos ficavam em pé de estupefação e perplexidade ao ouvirem o estigma pronunciado com todas as letras: des-qui-ta-da!

Dos nossos postos de vigia, víamos que ela andava altiva, mas sem arrogância; pisava firme, mas sem soberba; cabisbaixa, mas sem tristeza; tranquila, não desatenta; discreta, mas sem inibição; sedutora, sem vulgaridade; elegante, não artificial. Queríamos saber mais: quem ousaria falar com a desquitada?

Quando, ao pé do poste da esquina, sentados em algum muro, ou num terreno baldio, entrou em discussão a contagiosa condição da vizinha desquitada, a primeira ideia foi de que se tratava de alguma doença. Foi rejeitada: a nossa desquitada era mais que saudável, esbanjava saúde. Depois alguém disse que desquitada é mulher que não quitou as dívidas. Ouviu um silêncio de desprezo — havia famílias endividadas que não eram amaldiçoadas. Alguém disse que devia ser mulher que tinge o cabelo. Embora a nossa desquitada tingisse, a definição foi recusada porque havia mães tingidas que, no entanto, não eram desquitadas. Outro afirmou que as solteiras são desquitadas dos homens. Foi ridicularizado: solteira é solta, ainda não arranjou um homem para namorar, mas não significa que não goste. O mais silencioso de nós disse no tom grave de quem sabe o que diz: desquitada é mulher casada que tem outros namorados. Teve o impacto de uma bomba, mas fez-se silêncio constrangido: havia irmãs com mais de um namorado, embora não fossem casadas. Até que o mais pirralho de nós revelou, num sussurro envolto em mistério, que desquitada é a mulher que faz sexo. Foi desconsiderado porque era muito profundo para a sua idade. E, como ninguém se arriscava mais, nos demos conta de que definitivamente não sabíamos o que era uma desquitada.

Estávamos acabrunhados pelo impasse quando Leca chegou. Figura polêmica — pelas costas era chamada de Leca-Meleca — por ser a única menina entre nós. Era amada e odiada pelas razões mais bizarras, ou mesmo sem razão alguma, mas, em geral, por ser mais sabida e esperta do que todos nós, como acontece com as meninas. Deus meu, como a Leca sabia as coisas da vida! Aprendemos muito com os conhecimentos práticos de Leca sobre os segredos e mistérios que cercam a existência.

Para não envaidecê-la nem nos humilhar, a pergunta foi feita em tom casual, ao jeito de quem não quer nada. Leca não vacilou, e ainda tripudiou da nossa ignorância: "Desquitada, seus burros, é mulher inteligente que tem muitos namorados. Todo mundo tem inveja, mas ninguém tem coragem de ser como ela. Quando eu crescer vou ser desquitada."

Leca sabia mais da vida do que os vizinhos que futricavam atrás de portas e janelas. Era pura inveja chamá-la de Leca-Meleca.

Fogueira no coração

Dona Abigail sabe que é pecado, que desobedece a ordens expressas de frei Mamede, e crê que, continuando assim, quando morrer vai torrar nas chamas do inferno. Mas não consegue conter a curiosidade. Já foi castigada, ameaçada e até tenta se controlar. Inútil. Para ela, é coisa do demônio: basta ver o monte de pedidos dos fiéis é tomada por avassaladora vontade de bisbilhotar — a curiosidade é maior que o medo do fogo eterno. Atira-se à leitura voraz dos bilhetes. Pedem namorados, noivos, maridos, companheiros. Após escarafunchar o sonho íntimo das devotas, apavorada e de alma arrependida, prostra-se de joelhos e roga clemência a Santo Antônio. O pecadilho é o único deleite de uma vida sem casamentos, prazeres nem encantos, dedicada à paróquia, da sacristia ao adro, na esperança de ser poupada das tórridas labaredas do inferno.

No último dia 14, o seguinte ao dos festejos de Santo Antônio, dona Abigail vê-se diante de um recorde de pedidos — os nomes aqui são fictícios, mas os fatos são reais. Salivando de prazer, atira-se à leitura. Passa horas fruindo a delícia de devassar os desejos confiados ao prodigioso poder do santo casamenteiro. Eis que um pedido arranca dona Abigail do seu deleite. Atônita, não acredita no que lê. Ajeita os óculos, busca mais luz, respira fundo e relê a caligrafia feminina: "Meu querido e glorioso Santo Antônio, peço de todo o coração que este ano eu fique viúva." Sem assinatura, nada identifica quem pede. Dona Abigail relê tantas vezes que teme que as letras desbotem pelo uso. Na confusão mental de escandalizada, acha que uma mulher pedir a morte do marido já é crime; e pedir ajuda a Santo Antônio, sacrilégio. Caso de dupla pena: dos homens e de Deus. Mas, para além do estupor de que está possuída, o que lhe aperta o coração é a dúvida: "Conto ou não a frei Mamede?" Pois da punição do santo sabe que não escapará: "Ele saberá que li os pedidos." Aos pés da imagem, roga indulgência pelo pecado e luz para decidir.

A gargalhada de frei Mamede ecoa pela nave mal acaba de ler o pedido. Embora a risada alivie seu pavor da reprimenda, dona Abigail não acha graça: insiste em que ele chame a polícia. Porém, o sacerdote, na sua profunda compreensão humana, em vez de polícia cogita formas de chegar à autora e aliviar a angústia que supõe habitar sua alma. Porém, não há como identificá-la — a tradicional festa atrai devotos de todo canto —, e, se a encontrasse, ainda iria dever explicações sobre a quebra de sigilo postal: se é crime abrir correspondência destinada a terceiros, imagine o que será se o terceiro é um santo! Preferiu abordar a questão no sermão do domingo.

Do púlpito, comentou o absurdo de alguns pedidos a Santo Antônio e, de forma oblíqua, lembrou que se a tradição dá ao santo o poder de unir casais, não significa que resolva tudo o que acontece na tumultuada vida conjugal dos devotos. Muito menos a brigalhada: "Querem a ajuda do santo em separação por motivo tão cabeludo que até o diabo duvida! Não contem com Santo Antônio para perdoar safadezas! Contem comigo!" E falou da necessidade de respeito e tolerância entre casais, mesmo num mundo perdido como este, onde existem quatro sexos. Foi tão convincente que, finda a missa, uma senhora de cabelos brancos o procurou na sacristia: era a autora do pedido.

No salão paroquial, a conversa afável e o café quente de dona Abigail abrem o coração de Eponina, 67 anos, que dispensa o "dona". Explica que pediu ajuda a Santo Antônio porque se casou aos 30 anos — tarde para quem tem uma fogueira no coração —, e isso depois de muita novena e missa, promessa e martírio, que não resolveram nada. Até que uma amiga lhe disse que o santo fora soldado e só agia se fosse maltratado. Decidida, arrancou o menino Jesus que dormia nos braços da imagem e afogou-o no pote. E ameaçou: "Só devolvo quando aparecer um noivo." Não demorou, ele surgiu. Nem bonito nem feio, nem rico nem pobre, nem inteligente nem burro. Casaram-se. "Em 37 anos não me deu filhos, prazeres, alegrias, viagens, joias, sexo, nada." E ela deu a sentença: "Homem assim não pode viver. Mas nunca matei uma mosca, nem me vejo matando um homem." E conclui: "Santo Antônio, que me mandou o estrupício, tem que ajudar a me livrar dele." Mesmo apreensivo, frei Mamede não imagina Santo Antônio antecipando morte a pedido, nem cúmplice de homicídio. Cogita outras soluções. Ela recusa: "De separação, nem me fale! Separada, na minha idade, foi abandonada. Não tem chance, nem futuro. Uma viúva é livre. E tudo pode acontecer."

Depois de várias tentativas rejeitadas, e convencido de que Eponina não tem a índole nem o ímpeto das que cometem loucuras, frei Mamede desiste: "Então não tem jeito." Vendo que ela vai chorar, propõe: "Mas o pedido não foi feito a mim. Agora, resta aguardar a resposta de Santo Antônio." Ela aceita, com um sorriso de esperança.

A invisível

"Ai, esse vai parar! Ai, meu Deus, tomara que... Tá encostando... Precisa ligar esse farolzão na minha cara? Ihhh... Droga, carro pequenininho! Esse cara não tem grana pra sair comigo — outra furada, meu Deus! Tenho que ficar esperta. Mas não tô com essa bola toda pra ficar escolhendo muito não. Só de sair desse frio e ficar um tempo dentro dum carro quentinho já valia. A chuva embaça o vidro, não consigo ver lá dentro. E agora, que que eu faço? Fico quieta, chego mais ou encosto no muro? Se não mostrar a cara, não entro no carro, nem morta! Ai, o vento frio subindo pelas pernas! Tinha nada que vir de saia! O cara parou, mas não baixa o vidro... Por que será, meu Deus? Vou cair fora. Não, não!... Ele pode me seguir... Já apanhei que chega essa semana — roço a língua nos dentes e sinto a presa bamba —, aquele miserável vai me fazer perder o dente! Preciso ir logo ao dentista... Mas antes tenho que juntar grana. O jeito é ter calma e esperar baixar o vidro. De cabelo lambido, cara lavada e roupa molhada, ninguém baixa vidro pra me olhar... Oba! Até que enfim! Virgem, que homem feio, credo! Ai, Deus: chego perto ou não? Se engraçar, meto-lhe uma

guarda-chuvada... Boa-noite, gato! Então, o quê que manda? Muita chuva, né? E o frio, brrrr...! Você, no quentinho aí, né? Não vai me convidar pra entrar não? A fim de um programa, querido? O quê? Ah, você já é grandinho pra saber. É 50, meu amor. Pode ser no carro mesmo. Não! Isso eu não faço. O quê? Não faço, querido. Outras podem fazer, eu não. Eu não disse 30; disse 50. Menos não dá, amor... Fica à vontade. Nada, querido. Se quiser, quando você voltar, a gente faz um programa. Vai com Deus, viu?"
"Engraçado, as famílias que passam nos carros não me veem. Sou invisível pra elas. Droga, esse guarda-chuva não vale nada. A roupa tá molhada; a sandália nova esfarelando — tô quase de pé no chão. Vontade de ir pra casa, tomar um banho quente e me enfiar debaixo da coberta. Nem...! Não vou sem dinheiro! Aquela bruxa não me deixa entrar em casa. Jurou que joga minhas tralhas pela janela! Ai, Deus, nem quero pensar na minha roupa na enxurrada! Oba, lá vem outro! Acho que vai parar! Me ajuda dessa vez, meu Deus! Tem sempre que pôr o farolzão pra me olhar! Pelo menos o carro é maior. E baixou o vidro!... é um coroa! Graças a Deus! Boa-noite, gato. Achou mesmo? Obrigada, querido. É, a chuva tá danada, o frio, então! Tô aqui pra isso, amor. Claro! Mas, se não leva a mal, meu bem, prefiro combinar antes. É 60, querido. Pode ser no carro mesmo. Na sua casa, amor!? Hum... E onde é sua casa? Nossa, é longe! Tem um motel jeitoso aqui perto... É tarde, querido, pra ir na sua casa. Deve ter umas quatro horas que eu tô aqui... Faço por menos pra você, amor. Cinquenta, vai. Fica zangado não, meu bem, mas na sua casa não vai dar. Então, tchau. Vai com Deus."

"Não aguento mais bater queixo. Droga de guarda-chuva! Blusa encharcada, pé gelado... inferno, a sandália novinha foi pro beleléu! Tô que nem galinha ensopada. Que homem vai querer...? Se não for pra casa agora, vou pegar uma pneumonia. Não tem vivalma na rua, nem carro passa mais — só a doida aqui ainda acha que vai arrumar dinheiro essa noite. Será que a bruxa tem coragem de jogar minha tralha na enxurrada? Oba, lá vem um! Parece que vai encostar! Vou rezar: para, meu anjo! Para e me salva! É um carrão! Vem, meu anjo da guarda, me leva no carrão bonito e quentinho! Me ajuda, meu Deus: mostra que gosta de mim, faz ele me levar. Ele parou! E baixou o vidro!"

"Boa-noite, querido. E então, vai... Não! Que é isso, pelamor de Deus? O que que você vai fazer? Que troço vermelho é esse que tá escondendo? Quer o quê com isso? Socorro! Ficou maluco? Polícia! Não me mata, moço! Quê que eu te fiz?! Socorro! Que pó é esse? Polícia! Isso é pra apagar incêndio, seu maluco! Tô vendo tudo branco! Vou ficar cega, meu Deus do céu! Tô toda branca! E agora, o quê que eu faço? O infeliz se mandou rindo! Não deu pra ver a placa. De quê, meu Deus, ele riu? Pra esses, eu não sou invisível. Se diverte fazendo maldade? Qual é a graça de ver essa pasta branca escorrendo de mim... Eu só queria dar prazer a ele... Por uma merreca. Agora, vou pra casa que nem assombração. E ver a minha roupa rolando na enxurrada... Mas o que que tem?... Também vou rolando na enxurrada!"

O amor é um buraco no coração

Com o sorriso alegre de dentes precários, o cabelo espesso e escasso, cruza rumo à cozinha, galão de água mineral nas costas, espiando o escritório. Passa sempre tão admirado com as estantes e intrigado comigo que reduz a marcha. Ergo os olhos, ele se apressa, de bermuda, camiseta, sandália de dedo. Dia desses, na volta da cozinha, com o galão vazio na mão, não se contém: "Leva a mal não, chefia, mas o senhor tem que aprender a ler nesses livros todos?"
Com a graça espontânea e inesperada da pergunta, também não me contenho: a gargalhada explode franca. O que posso alcançar de imediato é o surpreendente e bizarro encanto que há em alguém que possa pensar o que, intuo, ele pensou: que minhas limitações requeiram tantos livros para me alfabetizar ou, o mais fascinante, que cada livro tenha sua singular maneira de ser lido, a qual só se aprende com a própria leitura! Mais essas ideias me acodem, mais me divirto.
A princípio ressabiado, ele soca o galão de plástico; depois, nota que o riso lhe é acolhedor, e sorri. Quando digo: "Essa foi ótima!", os olhos brilham e aflora uma ponta de

orgulho. A conversa flui natural. Respondo que esses livros contam histórias, inventadas ou acontecidas, e minha profissão é contar histórias: "Gosta de histórias?" "Me amarro numa história, chefia!", responde animado. "Assiste às novelas?", pergunto, ingênuo. "Não! Novela mela demais. Vejo cochilando, esperando a velha assistir — velha que falo é a senhora minha mãe. Ela se amarra naquele nhem-nhem-nhem. Mas eu sou vidrado é em história de porradaria, sabe? Fita de luta de china com japa, já viu?" "Então gosta de cinema?", pergunto, animado com o possível interesse comum. "Pra caramba, chefia! Me amarro *mermo*. Quer me ver feliz, bota fita de japa no DVD." "Tem DVD em casa?", indago, impressionado com a popularização da tecnologia. "Claro, chefia. Pago 26 *real* por mês. Só falta TRÊS *prestação*. Quando acabar vou comprar um com caixa de som: 40 *real* por mês." "Você aluga as fitas?" "Nada, compro no camelô: 5 *real*. Já tenho 148. Tudo porradaria e quebra-pau. Ainda vou ter uma estante que nem a sua. De livro, não: de fita!" "Cento e quarenta e oito?! Você tem muito mais fitas do que eu. Então sua diversão é o cinema!" "Sábado e domingo só dá eu no sofá e a porradaria comendo solta. Até a velha, que não gostava, agora assiste comigo no sofá."

Estamos nos entendendo, mas a curiosidade me rói: "Não gosta de futebol?" "Já gostei mais. Sou Flamengo, ia ao Maracanã e tudo. Hoje só vejo é na televisão. Sou ligado *mermo* é nas *fita*." "Não gosta de história de amor?" "Nhem-nhem-nhem, não! Gosto de pornô. Mas uma noite a velha acordou e me viu, ficou fula da vida. Quase me expulsa de casa! Tem que respeitar, né, chefia? Fora de casa não sobrevivo." Ele ri e batuca no galão. "Você não tem namorada?", pergunto.

A reação é o silêncio e um esgar que o desfigura: "Namoro mais não, chefia. Fui casado, não acredito em palavra de mulher." "Mas acredita no amor?" "Amor é um buraco no coração, chefia. Só existe quando o jornal diz que o marido matou a mulher e o amante. Aí, tem o amor do marido. Tem cara que fica apaixonado e tal. Só tem paixão se um não conhece o outro. Mas se quiser acabar com a paixão é só casar." Ele me avalia em silêncio, pressente que discordo e, olhando para o galão, dá o argumento de coração sangrando: "Vivi cinco anos com uma zinha, e fui o único homem que ela não amou. Se mandou com o meu melhor amigo." Preparo-me para ouvir a confissão de um crime passional; ele fala baixo e ressentido: "Aprendi que, se um cara leva a sua mulher, a melhor vingança é deixar ela com ele." Vira-se com o galão debaixo do braço, sorri, esboça uma espécie de continência e avança para a porta. Adiante, para e oferece: "Se a chefia quiser, empresto umas *fita* de porradaria!"

Agradeço, mas confesso que fiquei intrigado com o motivo que o terá levado ao gentil oferecimento. Será pelas limitações para me alfabetizar ou porque fez uma leitura singular da minha vida?

A esperança nos pequenos gestos

Confluem para as metrópoles rios humanos, que reúnem suas águas e nos tornam cardumes atarantados, dando braçadas à flor d'água para ver adiante, boiando para respirar, acotovelando vizinhos e roçando gente de todas as origens, instada a compartilhar o lugar de trabalho, o banheiro e o elevador, a disputar vaga na fila, apertar-se na condução, a dividir áreas onde mora, a conviver com vizinhos de outros costumes. Se o mundo se anima com números e cifras inimagináveis, as pessoas são movidas pela massa, que empurra, atropela e esmaga. Nesse mar turbulento, o pequeno gesto, anônimo, silencioso e discreto, não é notado pela horda aflita, mas eles nos lembram a humanidade comum, que se vai perdendo.

Ouvem-se cada vez menos expressões como por favor, por gentileza, obrigado, boa-tarde, até logo, prazer em vê-lo, você está bem?, com licença, desculpa. Palavras breves que nada custam dizer e têm o poder mágico de aplacar tensões, diluir hostilidades, evitar explosões, até fazer brotar sorrisos. Esquecidas, desconhecidas ou evitadas, essas perdas instalam a falta de educação e liberam a agressividade ao limiar da barbárie. Menos se vê nos gestos e atitudes: respeitar grávidas, ajudar idosos, proteger crianças, socorrer doentes etc. Delicadeza adoça a vida áspera.

Dia desses, assisti ao pai comprar picolé para o filho — banal não fosse a surpresa: o menino de rua da mesma idade, ciscando por ali, foi hipnotizado pelo picolé. O olhar opaco refletia um deserto de sabores desconhecidos, um mar de vontades insatisfeitas, cem anos de frustrações na curta vida. O pai sentiu o abismo entre seu filho e o filho da rua: pôs outro picolé na mão do garoto, que, na euforia da surpresa, não sabia tirar o papel. Pai e filho se afastaram, deixando o garoto a decifrar a esfinge gelada. Não deram dez passos, o pai voltou, descascou o picolé e, tomado de súbita afeição, beijou-lhe o rosto. Foi embora, deixando o garoto com olhos de luz e duas descobertas: o picolé gelado e o caloroso beijo.

Noite dessas, vi a idosa elegante ser atacada na saída da farmácia. De um golpe, arrancam-lhe a bolsa e a sacola de compras. Pálida de susto, ela afunda em imóvel estupor: a sensação é de que o esperado imprevisível a atingira. Devia crer que na sua idade uma mulher fosse poupada. Corpo trêmulo, lábios brancos, o pavor sem lágrima. Seu desamparo diz que um mundo de crenças, princípios e valores desabou — ela não sabia andar sobre os escombros. O homem, de camisa Ralph Lauren e gravata Hermes, se aproxima. Assustada, ela recua. Afável, ele a conforta e consola. Ela repete que precisa levar o remédio para o neto que está na sua casa, mas ficou sem dinheiro, sem cheque e sem cartão de crédito. O homem quer ajudar. Ela agradece, diz que mora perto, e irá buscar, mas não se mexe. Alheada, repete a ladainha do remédio do neto. Solícito, ele a conduz ao interior da farmácia. Voltam com a sacola de compras e ele diz que faz questão de levá-la, quer conhecer o neto. Ela, que não acreditara no assalto, suspeitava do socorro. Mas aceita o braço que ele ofereceu e, conversando, se vão.

Noite chuvosa, o taxista, parado no sinal, vê a garota dormindo sob a marquise. A água acumulada na saliência da calçada transborda e escorre na direção do frágil corpo. Ele sai do carro, corre na chuva e, cuidando para não acordá-la, toma-a nos braços e, delicadamente, a deita três degraus acima, a salvo da água.

Cenas assim rolam invisíveis por aí. Talvez não haja mais a convicção de Anne Frank, menina judia que, pouco antes de morrer num campo de concentração, anotou no diário: "Apesar de tudo, ainda acredito na bondade humana." Se não há mais tal fé, que nos console a esperança oculta nos pequenos gestos pessoais.

Piedade

Na minha infância, a família vivia a Paixão de Jesus com tal respeito ao sagrado e tamanha contrição que, com atitude mas sem imposição, contagiava as crianças. O bairro inteiro fazia silêncio — não se ouvia buzina, algazarra, gargalhada ou música —, em reverência à procissão do martírio de Cristo. Aliás, a cidade inteira ficava compungida, as emissoras de rádio só tocavam música erudita ou religiosa. Parece que a intenção oculta não era rezar ou refletir, era sofrer. Quem sabe, sofrer como Jesus. Belo Horizonte gemia, em uníssono cantochão, o calvário e a crucificação.

Nem o tempo nem a distância apagaram a memória daqueles dias — falo da distância de cidade, de crença e de rituais. Sentimento entranhado nos meus recônditos, aflora à simples menção da data — hoje mais pálido e breve, mais raro e leve.

Intrigava menos a morte de Jesus — se era para nos salvar, com perdão da presunção, havia uma causa nobre — do que a infinda dor de Maria. O corpo de Jesus em chagas e sangue, arrastando a cruz morro acima, o que arranca lágrima das pedras pela injustiça, e eu me perguntando: "E a mãe dele, o que estará sentindo?" Mulher de um carpinteiro, ela não tinha causas, nem pretendia fazer revelações nem revoluções. Sofria, resignada, como a mãe.

Quando o cardeal Jean Bilhères encomendou a Michelangelo uma escultura da Virgem Maria, o artista se defrontou com complicado problema de estética das proporções. A ideia do gênio era fixar Maria no momento mais terrível de sua vida, da dor mais lancinante: com o filho morto no colo — sofrimento maior não existe. Porém, se fizesse nas proporções naturais, o corpo adulto no colo da mãe — se Jesus tinha 33 anos, que idade teria Maria? —, a esmagaria com seu peso, seria mais estranho do que belo — e, sem o belo, a arte perde a sua essência inefável.

Michelangelo diminuiu o corpo de Jesus, deformou-o, tornando-o menor do que a mãe, reduzindo-o a um tamanho quase infantil. E rejuvenesceu Maria. Ele, morto, na horizontal; ela, viva, na vertical, eternizam, na sua plenitude, a dupla paixão do monte Calvário: o filho crucificado e a mãe martirizada — com a expressão de dolorosa resignação, fulguração da piedade. Eis a mágica: deforma o real para alcançar a essência inefável da arte: a mãe e seu filho. Todas as mães que perdem seus filhos, a mãe da humanidade.

Fecundados, gestados e nascidos de mães, filhos são parte delas, e a parte não pode ser mais que o todo — é a metáfora oculta de Michelangelo, que me ajudou a entender por que a dor de Maria me intrigava tanto.

Outro esquecido — até da minha memória — é José, o pai. Por onde andava José, o que sentia naquele momento doloroso? Não me lembro de vê-lo então, no que li não diz, nem me contaram. Não sei me responder.

Apesar da memória sofrida, aprendi muita coisa com as Sextas-Feiras Santas da infância — consta que não se cresce sem dor. Hoje, a Paixão é um feriado para descansar — as urgências, filhas da necessidade, impõem o trabalho como uma urgência da vida e o descanso como necessidade para o trabalho. A produção rouba o tempo da contemplação, do amor e da Paixão. Não sobra tempo para a piedade.

Olho pela janela e vejo que, enfim, a chuva chegou, suavemente. Sem trovões, relâmpagos nem ruídos. Tão mansa que não desabou nem caiu — deve ter escorrido das nuvens pelos telhados, pelas paredes. As gotas se acumulam sobre o vidro e descem em silêncio; embaixo, o asfalto está molhado. Abro a janela e sinto o ar ameno sobre a pele e a fresca umidade nas narinas. Talvez seja o outono. O sol está se pondo: foi nessa hora do dia que Maria perdeu seu filho.

Presente

Afora aspirações ocultas, que fazem do ato de presentear a oportunidade de insinuar desejos inconfessáveis, a intenção de quem presenteia é agradar o presenteado e, ao mesmo tempo, tornar-se inesquecível a ele — ficar presente em sua vida, ser lembrado. Daí, lembrança — ou lembrancinha, se a inibida modéstia do presenteador supõe que o homenageado merece mais do que ele pode oferecer. Além de querer estar presente, há um apelo à duração dessa presença, no sentido de prolongá-la e, se possível, eternizá-la.

Na ambição de eternizar a presença, não foram poucos os que, ao longo da história, deram de presente reinos, ilhas e palácios — supondo fossem para sempre, esquecendo que o tempo não poupa o presente. Outros, trocando a eternidade pela intensidade vívida, ainda que efêmera, deram animais e pessoas de presente: camelos, elefantes, pássaros, escravos, soldados, crianças e mulheres. Na peça de Martins Pena, de sarcasmo cruel, o galã oferece à eleita dois negrinhos dentro de um balaio: a abolição não tardou! A própria história conta que, exóticos ou suntuosos, tais presentes deram bizarro prestígio a quem os deu, riqueza e poder a quem os recebeu, porém nada restou de lembrança afetiva.

Só o que toca a emoção alcança nossos secretos recônditos — onde, dizia Lorca, repousa a obscura raiz do grito. Nessa memória sensível, onde estão gravados — como se fossem em pedra — nossos caracteres essenciais, que a própria consciência ignora, é que repousam as nossas singularidades, a solitária individualidade, a indevassável subjetividade, que só se vislumbra no enigma dos sonhos. Esse âmago impenetrável, no entanto, não resiste à força da emoção, que arromba portas e janelas e, após a erupção, com tudo fora do lugar, nos impõe mudanças. Tudo o que podemos perceber de duradouro, de eterno, são as mudanças criadas pela emoção. Presente que emociona transforma quem recebe e eterniza quem oferece.

Presente que emociona inclui a mítica dimensão do tempo. Joia: o mito do indestrutível, de valor perene; perfume: emoção aspirada; momentos inesquecíveis: efêmero que se eterniza — aquela viagem, um jantar, um pôr do sol ou certa música. E a nobreza da arte: o prodígio da emoção eterna e inesgotável. Livro, filme, música, quadro etc. podem reunir os mitos: indestrutível e de valor perene, emoção aspirada, efêmero eternizado. Se produz emoção, a arte não envelhece; se emociona, não deixa envelhecer.

Toda forma de arte emociona cada um de nós de maneira e intensidade diferentes. A cada um, sua sensibilidade: que se contemple o gosto pessoal do presenteado. Porém, se muitos lhe respeitam o gosto, pode-se saturá-lo com o mesmo tipo de presente, que tende a ser esquecido, e desvanecer-se a personalidade de quem, com pessoal escolha, presenteia. Pode ser saudável e criativo diversificar e romper barreiras, propor novas formas de emoção sem sair da arte. Há um tipo de presente difícil de saturar.

A arte me embala a vida — é difícil viver sem música, viajo para ver mostras de pintura; o teatro e o cinema tanto seduziram que virei dramaturgo e roteirista. Mas, pessoalmente, prefiro a leitura. Escrevo romances e crônicas, o que sugere saturação do mundo letrado. Sigo, porém, fervoroso devoto da leitura. Encontro no livro a companhia perfeita — exceto quando tenho a de humanos inteligentes, afáveis e, se possível, bem-humorados.

Livro é um presente perfeito. E não pela vetusta solenidade intelectual, mas pela singela virtude de emocionar e dar prazer. Além de caber nas mãos, ocupa pouco espaço, não perturba vizinhos, dispensa tecnologias — a não ser, às vezes, uma lâmpada. Papel, páginas, letras e até a língua são o meio para iniciar a magia, que ocorre no plano imaterial, abstrato, da imaginação. Ler é cotejar a bagagem existencial do leitor com os estímulos vindos do autor. No silêncio, os dois dialogam. O livro, uma história, é uma metáfora do mundo, sua leitura é sempre uma percepção pessoal. Ler é acumular vivências do que não se viveu. Se não muda a vida, muda a maneira de ver a vida — e associa o leitor a quem o presenteou. Dê livros de presente; você jamais será esquecido. E vai se sentir presenteado.

Língua feminina

A ascensão da mulher, simétrica ao crepúsculo do macho, é uma evidência em todas as áreas. Mais visível no mundo político, econômico e empresarial, marca ocupação de espaço e acumulação de poder, com competência e legitimidade, ainda que não se verifique diferença notável em relação aos homens nos mesmos cargos — a lógica do poder, sutil e esperta, passa além dos gêneros e mais o consolida ao acolher as diferenças que se afirmam: étnicas, ideológicas, culturais, de classe etc. Mudança mesmo foi no comportamento: com atitudes afirmativas, autônomas e livres, as mulheres induzem os homens a se resignarem, atônitos, ao patamar de igual na diferença. Perdida a coroa, resta-nos o cetro na mão. De que vale o bastão sem uma coroa?

Pelo visto, no entanto, a conquista revelou-se insuficiente para as mulheres. Com sua docilidade envolvente, sedutora e insidiosa — arma imbatível dos submissos —, a mulher avança por searas inimagináveis. Uma forma de luta dos aparentemente frágeis é contaminar o outro com seus valores, desejos e sonhos, o que dilui antagonismos. Elas nos convencem a sonharmos juntos os sonhos delas. E nos deixamos convencer...

Mas nem isso basta. De uns tempos para cá, tenho notado, não sem alguma perplexidade, a crescente utilização — para ser exato, uma verdadeira invasão — de expressões do universo feminino que se tornaram de uso comum e que podem ocultar insidiosa estratégia de dominação pela linguagem. E a coisa não é recente. Se o advogado diz que trata o caso em banho-maria, está furtando o cozimento lento da cozinha, antigo reino feminino. Quando a mulher era noviça nas polêmicas do futebol, o torcedor do Fluminense já era chamado "pó de arroz" — ideia que jamais ocorreria a barbados. E não se dá "tapa de luva" de boxe; revide polido nasce de ódio feminino. E o que há com o Gusmão para dizerem que "é uma flor de pessoa"? Às vezes, comentaristas esportivos dizem que a seleção brasileira jogou de "salto alto". Como este escarpim entrou em campo tão masculino? Com tantas expressões à mão para dizer que a contabilidade é fraudulenta e foi manipulada, por que o analista econômico denuncia que as contas foram "maquiadas"? De onde vêm o pó compacto, o *blush*, o rímel e o batom que ele vê no mascaramento contábil? A que mesmo se refere o comentarista quando diz que o político bom negociador tem "jogo de cintura"? Que negociação é esta que inclui balanço de quadris? Falar em quadris, diz-se que alguém posto em constrangimento, envergonhado ou encabulado "perdeu o rebolado": quem será que rebola como a mulata que, de repente, quebra o salto e perde o ritmo e a graça?

Que situação vexatória deixaria um homem de "saia justa"? Ou, numa explosão de irritação, o levaria a "rodar a baiana"? Como entraram no vocabulário masculino essas saias, uma justa e outra rodada? E o que que a baiana tem... com a explosão do cara?

Todos sabem que a língua é a janela através da qual se percebe o mundo, e a moldura dessa janela delimita nossa visão, nossa forma de pensar e, em consequência, nossa maneira de agir.

Com tantas expressões femininas, tem-se a impressão de que as mulheres estão numa guerra de guerrilha tão camuflada que é, ao mesmo tempo, verbal e silenciosa. Ao tornarem o português uma língua feminina, será que elas não querem nos fazer ver, sentir e pensar o mundo como se nós fôssemos elas?

Arrivederci, Papai Noel

Noite de Natal. Na sala, Alma põe presentes num saco enquanto Elmo escreve cartões.

ELMO — Nunca vou me vestir de Papai Noel. Faço o que você quiser, menos isso.

ALMA — Parece até que vai morrer se se vestir de Papai Noel por uma noite!

ELMO — E morro. De vergonha! Não sou velho, gordo, bondoso nem simpático. E não me vejo distribuindo presentes por aí.

ALMA — Vovô dizia que quem sentiu a alegria de dar presente nunca esquece.

ELMO — Sinto vergonha de dizer, pareço egoísta e insensível, mas não sei dar presente.

ALMA — E como se sente quando recebe?

ELMO — Aflito pra retribuir. Quitar logo. Mas bancar o Papai Noel, nunca! E não vou competir com o seu avô, o Papai Noel mais querido da família!

ALMA — Como ele faz falta! Pena que não vem. Mas já alegrou tanto a gente que merece viver o que lhe resta como quer. Você pode ser o novo *mais querido* como Papai Noel.

ELMO — Ser mais querido fazendo o que não gosto, nunca!

ALMA — Ano passado a gente fugiu antes da ceia. As crianças ficaram sem Papai Noel.

ELMO — Você meteu na cabeça de ver o sol nascer no mar!

ALMA — Me arrependi. Juro que nunca mais elas vão passar Natal sem Papai Noel.

ELMO — Nunca me esqueci do avô. Saiu abatido e foi dormir triste como quem desistiu.

ALMA — Foi a última vez que o vi. As crianças também. (*Pausa.*) Seja o Papai Noel hoje. Dá essa alegria a elas e à família. Que, aliás, está esperando a gente pra ceia.

ELMO — Escuta aqui: alguém visitou seu avô em Arrivederci?

ALMA — Não sei. Acho que não. Eu adoraria ver o vovô! Mas...

ELMO — Como sabem que ele está em Arrivederci?

ALMA — A tia Lavínia disse que...

ELMO — E alguém confia na tia Lavínia?! Uma mulher que conversa com passarinho!

ALMA — Ele sonhava com Arrivederci; queria ser enterrado ao lado da mãe. (*Pausa.*) Veste a roupa de Papai Noel, amor. Só hoje. Vovô guardava no armário do quartinho.

ELMO — Esquece. Nunca gostei de fantasia. Não vai ser agora.

ALMA — Lembra por que a gente se reconciliou? Por que eu aceitei voltar a viver com você?

ELMO — Pra eu provar que sou bom marido e bom pai. Porque não tinha tempo pra...

ALMA — Você jurou me amar e se dedicar às crianças. Disse que me queria sua pra sempre.

ELMO — É tudo que eu quero. Vocês são tudo o que eu tenho na vida.

ALMA — Ser Papai Noel é ser bom pai e bom marido. A família está nas suas mãos.

ELMO — Quer dizer: vai tudo pro espaço se eu não vestir aquela coisa vermelha.

ALMA — Meu querido, criança precisa acreditar em alguma coisa, aprender que, além do corpo, existe o espírito! A ciência não explica tudo, o homem não sabe tudo, tem que conviver com o inexplicável. Temos que crer num deus, em bruxa, fada, duende, algum ser. Crer que a estrela cadente realiza sonhos, o destino está na palma da mão, existe vida em outros planetas, disco voador, Papai Noel! Existam ou não. O que importa é a fé, a crença na imaginação! Enquanto houver quem creia na bondade, na generosidade, em alguém que dá presentes, ainda há esperança. O medo de assombração me fez entender a morte.

ELMO — (*Pasmo.*) Você... entendeu... a morte?

ALMA — Entendi que devo morrer. A morte é instrutiva, o medo ensina. (*Pausa.*) Vai se vestir de Papai Noel, vai, meu querido.

Ele sai hesitante. Ela embrulha presentes. O telefone toca, ela atende. Por onde Elmo saiu, o avô entra eufórico, roupa de Papai Noel na mão.

AVÔ — Feliz Natal, minha querida!

ALMA (*Ao avô, eufórica.*) — Vovô! Você não morre tão cedo! (*Ao telefone.*) Alô.

AVÔ (*Abraçando-a.*) — Que você seja muito feliz!

ALMA (*Ao avô*) — Acabei de falar em você! (*Ao telefone.*) Alô. (*Ao avô.*) Você aqui!
AVÔ — E as crianças, onde estão? Vim buscar minha roupa de Papai Noel!
ALMA (*Ao telefone.*) — Sim. É ela. Pode falar. (*Ao avô.*) Com você, o Natal vai ser lindo!
AVÔ (*Afastando-se.*) — Nos vemos na santa ceia. Feliz Natal!
ALMA (*Desliga.*) — Meu, Deus! (*Vê o avô afastar-se. Elmo volta, vestido de Papai Noel.*)
ELMO — Você tem razão: é preciso acreditar em alguma coisa. Vou ser o Papai Noel.
ALMA — Obrigada, amor! Sabe, recebi uma ligação... De Arrivederci... Vovô morreu...

O beijo do entendimento

O garoto, 5 ou 6 anos, leva à boca, uma a uma, coloridas balas de goma que tira do invólucro transparente. Recostado no sofá, os pés sem tocar o chão, ele balança as pernas me olhando alheio — talvez estranhe, sem hostilizar, a minha presença. Pisco-lhe o olho, ele sorri cúmplice, exibindo o vazio de dois ou três dentes de leite, e estende o braço, gentil mas sem ânimo, oferecendo a bala, que agradeço com gestos: é quando a mãe, ao seu lado, tira os olhos da revista, nota, de relance, que sou a terceira pessoa na sala de espera da clínica dentária e volta à revista. Volto, por minha vez, ao livro, e ele, imagino, ao açucarado devaneio.

Quando ergo de novo os olhos, ela remexe a bolsa — órgão vital da anatomia feminina, como nos cangurus — tira um estojo, abre, e, olhando-o, ajeita o cabelo. Ele se estica todo para ver o interior do estojo, ela o vira para ele, que, ao se ver no espelho, fecha a boca e cobre os lábios. Ela gira a esponja no estojo, passa no rosto — ele acompanha imóvel, segurando a bala no ar, a meio caminho entre o invólucro e a boca, que, paralisada, aberta, está pronta para acolher a bala.

O pó de cor indefinida — só mulheres sabem a diferença entre creme, bege claro, branco baço, marfim e marrom-clarinho — recompõe a indefectível maquiagem de infinitas utilidades. Uma, essencial-supérflua, disfarça o rosto original que a natureza não favoreceu. Outra, desnecessária-indispensável, realça a beleza natural. Desconhecendo tais necessidades e os padrões de beleza pretendidos, o garoto parece se dar conta, pela primeira vez, do estranho ritual que a mãe deve praticar várias vezes ao dia. Diante da revelação, segue boquiaberto, sem sequer piscar, surpreso e fascinado, a bala suspensa no ar.

Altiva sobre lustrosas botas de salto alto e cano longo, que engolem as pernas da calça, justa como a pele, delineando o corpo esguio feito de carne, osso e jeans; corpo sarado, bronzeado, massageado, nutrido de muitas folhas, poucas raízes e menos frutos. Se frequentar balada, a mamãe deve estar bombando. E o filho babando.

Enormes argolas douradas dependuradas nas orelhas, uma pilha de argolas, maiores e coloridas, no pulso, e várias pequenas argolas enfiadas nos dedos. Imponente e vistosa, ela parece uma dessas mulheres mitológicas, impulsivas e inatingíveis, que, no entanto, não conseguem ocultar as fragilidades, tão visíveis quanto os andaimes esquecidos na fachada recém-pintada. No seu pasmo silencioso, o filho parece constatar, sem compreender nem acreditar. Curioso, me pergunto o que estará sentindo e pensando para manter-se atento, concentrado, imóvel. Intuo que vive o momento mágico em que se percebe a diferença entre rosto e máscara, essência e aparência, palco e plateia, realidade e fantasia.

Alheia a tudo, ela recompõe com rímel a curvatura dos cílios, depois tira da bolsa um pequeno bastão, torce-o fazendo crescer a ponta vermelho-sangue e desliza-a sensualmente sobre os lábios. Após sucessivos esgares, esmaga um lábio com o outro — ele a imita, tentando talvez sentir o que ela sente, ou extrair algum sentido do ritual. Eis a diabólica e irresistível boca rubra, cintilante e úmida, poderosa arma de sedução, que costuma ser prova de crimes fatais.

— Por que você faz isso? — ele pergunta com inocente voz infantil. Surpresa, a mãe sorri e sussurra:

— Pra ficar mais bonita.

"E por que não fica?", quer saber o garoto... Não! Não é isso o que ele pergunta; eu é que estou querendo me meter na história alheia. É a mãe que pergunta:

— Gostou, querido?

Sem dizer nada, ele, enfim, põe a bala na boca, se estica todo e beija-a na face, melando cremes e borrando cores. Ela o abraça, cobre-o de beijos e, feliz, recomeça a maquiagem. Ele parece ter entendido que a realidade não consegue sufocar a fantasia.

O homem que não sonhava

Nunca sonhou. Nem quando era criança. No café da manhã, se um dos irmãos contava o sonho, ele baixava a cabeça, num silêncio envergonhado. Tentava pensar em alguma história antes de dormir. Na manhã seguinte, só lembrava até o ponto em que estivera acordado. Mais tarde, o sonho alheio passou a perturbá-lo. Sofria tanto que não conseguia terminar o café. Saía da mesa aflito. Ficava até tarde vendo filmes na TV. Só ia para a cama abatido pelo sono e arrastado pelo pai. Ao acordar, só se lembrava do que assistira no filme. Passou às histórias em quadrinhos, às revistas masculinas, chegou ao livro. E nada de sonhar.

A cada noite, antes de dormir, concentrava-se numa silenciosa oração. Empenhava-se em reunir a força de cada uma das suas esperanças de escapar ao imponderável, que espreita cada uma das várias faces da vida. Juntas — imaginava —, poderiam realizar a proeza de fazê-lo sonhar. De manhã, puxava pela memória. Nada. Não restara nenhum fragmento de história.

Um dia, criou coragem e perguntou à irmã mais velha como era o sonho. Já vira gente sonhando em filmes, mas o sonho em filme era também um filme. Um filme dentro do filme. A irmã ensinou que o sonho era uma história. Como um filme ou um livro. Só que sempre era uma história confusa, sem pé nem cabeça, que ninguém entendia.

A irmã o confundiu, mas sem saber o ajudou a tomar uma decisão: ver filmes e ler livros todo o tempo disponível que tivesse. Desse dia em diante, vivia com um livro na mão, via tudo que era filme, nos cinemas e na TV. Trancava-se no quarto e, para almoçar ou jantar, só depois da quarta ou quinta vez que o chamavam. A mãe estranhou. Passou a observá-lo, a controlar seus hábitos e a tentar dispersá-lo. Criava jogos, brincadeiras e passeios. Em vão. Ameaçou proibir leitura e filmes na TV. Ele lia trancado no banheiro.

Toda a família — pai, mãe, irmã, irmão e ele — estava reunida na sala. Queriam saber o que estava acontecendo. As razões do estranho comportamento. A conversa atravessou a madrugada, com discussões, desculpas, lágrimas, abraços, beijos e uma conclusão: era preciso procurar um psiquiatra, psicólogo, psicanalista. Alguém da circunspecta e vaidosa família Psi, com competência para fazê-lo sonhar.

Na primeira sessão, a Dra. Psi foi didática: "Alguns antigos diziam que o sonho é coisa do diabo, outros que é coisa de Deus. Já se disse que 'os sonhos são coisa de alma penada que entra no seu espírito', e já se disse o contrário: 'ao dormir, a alma se liberta do corpo e sai por aí, recolhendo as histórias do mundo.'" Inquieto, ele quis saber: "Mas o que é o sonho? O que significam essas histórias?" E ela: "Não há explicação. Quem está vivo sonha; se não sonha, não está vivo. Inclusive você sonha. Apenas esquece o que sonhou."

A Dra. Psi encerrou, categórica: "Sonhos têm sentido. E podem ser interpretados."
Nas sessões seguintes, ele falou de sua vida. Porém, nunca conseguia ordenar os fatos. Um não concatenava com o outro; era como se cada um fosse isolado do outro. A Dra. Psi empenhava-se em fazê-lo ordenar. Inútil. Foi nessa época que fatos estranhos tornaram-se familiares. Ele não chegou a se assustar, mas, no princípio, estranhou. Várias personagens, de filmes e romances, que ele ainda retinha vívidos na imaginação, começaram a aparecer na sua cama, no banco vazio do ônibus, no vapor do banheiro, no escuro do cinema. Era gente de vários países, épocas, de várias histórias. Sorriam, acenavam, tiravam o chapéu, puxavam conversa. E ele respondia.

Às vezes, verificava nos livros. As descrições confirmavam o que vira. A partir daí, a cada personagem que aparecia, ele escrevia sobre suas roupas, seus gestos, a voz, os olhos e os fatos de sua vida — que eram o que lhe passasse pela cabeça. Gente viva, que lhe atraísse a atenção, passava a entrar nos escritos.

Muito tempo se passou até que entregou um envelope pardo à Dra. Psi. Estupefata com o que lera, ela perguntou se fora ele mesmo quem escrevera. Ele confirmou: "Fui eu." E acrescentou: "Não existe um 'eu' individual, isolado, independente. O 'eu' é o que resta vivo daquele que nasceu, e vive em meio à fricção de tantas convivências simultâneas, aos embates com tantos outros, às vitórias e derrotas, às paixões, amores e ódio. Cada 'eu' é o somatório de muita gente à sua volta." A Dra. Psi pediu para publicar. Ele permitiu, e hoje, ao escrever, sonha de olhos abertos. E cada dia tem mais sonhos para contar.

O sedutor

Enquanto todos se esmeravam em ostentar beleza e riqueza, em ser valente e contar bravatas para atrair a atenção das garotas, ele era o fraco, o frágil e desamparado. Pois ele, pacato e abandonado, era quem arrebatava o coração das meninas. Era um enigma, um fenômeno que intrigava meio mundo. Mais se discutia, menos se entendia o sucesso dele com as garotas.

Como um frangote magricela, branco feito mingau de maizena, sorriso desbotado e olhar de peixe morto, podia ser o mais admirado da turma? E não era uma turma qualquer. Tinha craques de pelada, dois campeões de natação, tinha o Duda, lindo como um girassol — diziam elas —, e o Fred, que passara na engenharia com 16 anos, e tinha o Blau — caramba, o Blau ganhou um carro de presente aos 17 anos! — e outros, bacanas, simpáticos e divertidos. Mas elas se derretiam mesmo era por ele. O ciúme, a inveja e, em alguns, o ressentimento corroíam verdes corações. Tentavam atingi-lo insinuando que era muito delicado; ele sorria tímido, negava com meneios de cabeça, mas nem se abalava — irritando ainda mais a turma. Truculentos o cercavam, ele se esquivava manso, saía de fininho, e sempre escapava.

Eis o seu poder que, naquela idade, ninguém conseguia atinar: ele nascera com o dom de entender as mulheres. Sim, viera ao mundo com a miraculosa capacidade de perceber os mais sutis sinais exalados desse gênero inefável e inapreensível. Intuía as causas últimas dos pequenos gestos, as intenções ocultas nas infinitas polissemias dos tons de voz, sabia ler as nuances imperceptíveis em cada ruga de um cenho franzido, adivinhava os abismos ocultos num olhar brumoso ou no sorriso outonal, identificava os mistérios escondidos num abraço inesperado que, mesmo parecendo oferenda sensual, é silenciosa súplica da alma.

Cativante, tinha a justa retribuição das meninas, que o elegeram o preferido para segredos e confidências. Cresceu um cálido clima de troca. Nunca estava só; e raramente só com uma. Aos poucos, aprendeu com elas a sentir os sentimentos, a não esconder as emoções, a falar o que sentia, os estados da alma, as sensações e intuições. A troca de sussurros não excluía toques inocentes nem o fraternal carinho. Vê-lo compartilhar intimidades com elas atiçava a turma. Os maliciosos insistiam que ele era uma alma feminina. Ciúme e inveja: ele era viril. Só que entendia as mulheres — que todos desejam, não entendem e juram amar.

Mas, apesar da confiança e intimidade, elas não lhe dedicavam mais do que terna amizade, incluindo, quem sabe, alguma compaixão, mas não desejo. Ele estava prestes a se tornar um sempre disponível ombro amigo, a quem um dia todas afinal recorrem, desabafam, choram, usam, abusam, mas nenhuma o queria. A prova de que ele conhecia a fundo a alma feminina é que escapou dessa armadilha. Imperfeito, sensível e carente, aprendeu, com as próprias mulheres, a se beneficiar da compaixão feminina — ou da índole maternal, como dizem uns. Passou a exibir uma tristeza infinda. O olhar comprido era uma súplica vinda dos cantos onde agora se aninhava. A chorosa que vinha se lamentar, ouvia no mesmo tom: "Também tô mal. Mó deprê", ele dizia com voz embargada. Surpresa, ela tentou entender. Entreviu seus olhos úmidos e, culpada, jogou-se sobre ele, rainha piedosa, amiga-namorada-amante, e, em todas elas, mãe. Decidiu salvá-lo, queria saber de quem ele gostava. Ele silenciou, derrotado. Ela pediu, apertou, acossou, exigiu, suplicou, arrancou: "Sei que você é a fim de outro. Mas eu sou amarradão em você. Paixão louca." Ela viu o chão fugir, o mundo desabar. "Mas sei que você não é pra mim." "Não diz isso", ela pediu. "Senão choro." E cobriu-o de beijos, abraços, carícias, até ele: "Preciso dizer uma coisa... Tenho problema... Com sexo... Eu... Não consigo... Nunca consegui, entende?" Pasma e apiedada, ela recuou. Ele reteve: "Sabe, acho que... com você... Só com você vou conseguir... Pela primeira vez na vida!" Ela sentiu-se a primeira das fêmeas, a salvadora de meninos tristes, frágeis e confusos. Movida por estranha força, ofereceu-lhe a vertigem de abismos e precipícios. Assim, com cenas iguais e idênticas palavras, ele, o abandonado, frágil, triste e impotente, arrebatou, uma a uma, as garotas da turma. E, ainda hoje, é salvo pelas mulheres por ter nascido com o dom de entendê-las.

Um anjo no céu

Giovanna passou a adolescência perturbada pela obesidade, que, na era da beleza magrela, martirizava sua vaidade de menina-moça. Tentou todo tipo de dieta, se esfalfava na academia, sem resultados visíveis. Embora fosse amiga dos garotos e se divertisse com as amigas, ninguém a namorava, e não raro pressentia olhares e risos dissimulados. Sentia a punhalada, mas não se deixava abater. Reagia e tinha lá seus dotes e as artimanhas de sedução, que não faltam a nenhuma mulher. Inteligente e graciosa, tinha humor contagiante e vivacidade, que lhe davam um charme pessoal e aproximavam os garotos e garotas, que facilmente se tornavam amigos. Giovanna era a mais divertida da turma, prestativa, confidente para as paixões secretas, cupido de namoros e intermediária de reconciliações, tornando-se a referência da turma, às vezes até a líder.

Na volta das festas, porém, estava sempre sozinha e consolava-se nos braços da mãe, que, embora a encorajasse, sofria com a tristeza da filha. Mas, no dia seguinte, lá estava Giovanna de novo animada, combinando pelo celular o cinema, o show ou o barzinho.

A visibilidade que a mídia dá às modelos, sagradas e consagradas deusas da beleza magrela, assim como a moda, feita para o corpo delas, era um massacre diário aos esforços de Giovanna — que se sentia constrangida com o pânico das amigas que, com 1 quilinho a mais, encaravam pesadas dietas de alface e água e dobravam o tempo de tortura na academia.

Giovanna começou a pensar numa cirurgia para redução do estômago. A ideia de emagrecer de uma vez, com risco mas sem esforço, a atraía com um sonho de felicidade. Porém, nem o apoio da mãe a seu sonho venceu um obstáculo: o medo da cirurgia. Ouvira histórias terríveis e tremia só de pensar no risco. Apesar disso, observou que, com o passar do tempo, as carências ficavam maiores do que o medo. E teve coragem de decidir com medo.

Informada sobre médicos e clínicas, resolveu entregar o corpo e o sonho às mãos habilidosas de um especialista de outra cidade. No último abril, aos 20 anos, inundada de uma esperança que domava o medo, Giovanna viajou com os pais e o médico amigo da família. A cirurgia foi um sucesso.

Bem mais magra, sua vida mudou radicalmente. Giovanna tornou-se radiante, tão contente que, além do humor, da graça e da inteligência, surgiu-lhe uma insuspeitada beleza: era a plenitude do sonho. Para completar a felicidade, começou, enfim, o primeiro e sonhado namoro. E experimentou a indizível emoção do amar. Foi tudo tão depressa que às vezes nem acreditava.

Na última quarta-feira, Giovanna voou com os pais e o médico amigo para avaliação com o cirurgião. E aconteceu o que ninguém imaginaria.

Ao entrar no avião, ela sentiu dores abdominais. Logo após a decolagem, as dores aumentaram; ela suava frio, e os gemidos agitaram os demais passageiros. Os pais entraram em pânico: a mãe murmurava suas orações e o pai chorava em silêncio. O médico a examinou, pediu ajuda e a levou para os fundos do avião, onde havia mais espaço. Metade dos passageiros estava em pé nas cadeiras, ou no corredor, olhando para trás. Na frente, chegou a notícia de que a moça estava morrendo. Mal começou a examiná-la, o médico deparou-se com o inesperado: um bebê estava nascendo! A cabeça despontava, forçando sua entrada no mundo — a urgência da vida não escolhe hora nem lugar!

Por sorte, entre os passageiros, alegre com a novidade, havia uma enfermeira neonatal. Munidos apenas do kit de primeiros socorros do avião, ampararam a impetuosa criaturinha — que surpreendia os recém-avós, que não sabiam da gravidez da filha. E todos no avião comemoraram numa festa sobre as nuvens. Tão apressada com a felicidade, Giovanna teve a filha voando. E, com o nome de Valentina, um anjo nasceu no céu.

Tudo é relativo

Eis que, na conversa banal, irrompe inesperada dúvida ao usar espontaneamente uma expressão coloquial, surrada e maltrapilha: "O que foi mesmo que eu disse? Qual é o significado, qual o sentido do que acabo de dizer?" Sem resposta, flutuo espantado, como se, de repente, não entendesse mais a língua em que aprendi a falar, escrever e pensar! No estranhamento, a expressão sovada ganha ares de forasteira e cobra atenção. Elas são infinitas, despir algumas pode ser divertido.

"Ponha-se no meu lugar" é expressão de desafio que se lança a alguém, em geral amigo, embora o lugar dele seja tão grande cilada que deveria ser sugerido ao pior inimigo. Ninguém diz "ponha-se no meu lugar" ao embarcar em férias para a Côte D'Azur ou começar namoro com Gisele Bündchen ou Brad Pitt. E quem ouve a sugestão deve pensar que o amigo ficou doido de propor tal sandice, tomando-o por masoquista ou idiota. Por que se colocar no lugar de quem perdeu dinheiro na bolsa, bateu o carro, ganhou um chifre ou um câncer? E a ideia é inexequível. É uma impossibilidade física, metafísica e psicológica que um corpo, ou uma mente sadia, ocupe o lugar de outro. O ator dá corpo e vida à personagem, como ficção.

"Ponha-se no seu lugar!" é homóloga e antagônica à anterior, por isso é raro ser falada e ouvida, embora rotineira na sua acepção silenciosa. Como o lugar onde o outro vai se pôr é sempre inferior ao do que ordena — a hierarquia impõe, em vez de sugestão, uma ordem, de lógica esquiva: nenhum corpo, nenhuma mente sadia vive fora do seu lugar físico, metafísico, psicológico. Expressão de cunho sociocultural, visa depreciar a condição do outro, daí dissimular-se em gestos, olhares, atitudes, em vez da palavra explícita. Quem a ouve tem apoio legal para exigir o respeito e o lugar como ser humano.

"Você sabe como são essas coisas" não quer dizer absolutamente nada. A suposta certeza de que quem ouve sabe sugere longa relação pessoal, que nunca existe. A expressão é útil para pontuar conversas, aliviar a tensão dos vazios de assunto e como muleta para manter o diálogo vivo, uma vez esgotadas as novidades. Busca-se a cumplicidade de quem ouve o que foi dito — quase sempre, fatos inexplicáveis, embora frequentes. Além do mistério, "essas coisas" é tão amplo, genérico e indefinido que é impossível, a quem ouve, saber quais são as tais coisas, e como elas são. Sendo uma afirmação, não exige resposta: quem cala, consente que sabe como elas são — embora não faça nem ideia. Se disser "Sei, sei", só quer se mostrar atento; se disser "Imagino" ou "Posso imaginar", tem, se tanto, vaga lembrança de que ouviu ou leu em algum lugar, não sabe onde.

"Sei exatamente o que está sentindo" é reação de quem acaba de ouvir relato dramático e, sem ter o que dizer, tenta a solidariedade verbal. Porém, somos seres complexos, radicalmente individuais, de subjetividade intangível e obscura. Não sabemos verbalizar nem o que nós próprios sentimos, muito menos como o sentimos. Quem pode saber o que o outro está sentindo? Saber e-xa-ta-men-te? "Eu te conheço bem" depende da intenção e da entonação de quem fala. Mas, qualquer que seja, parte de afirmação no mínimo duvidosa. Se ninguém conhece a si próprio — lembra, Sócrates etc.? —, é improvável que conheça tão bem o outro. Pode ser ameaça de espalhar pelo mundo do que o outro é capaz, ou, ao contrário, voto de confiança dado mais por afeição do que pelos atos.

"Isso é muito relativo" pode ser verdade pontual, não universal. Se tudo no mundo fosse relativo, não haveria nada no mundo em relação ao que tudo seria relativo. É reação de quem discorda do que ouviu e refuta sem argumento: não ataca, mas solta farpa — a intenção dá o sentido.

Expressões vazias são úteis em qualquer conversa sobre qualquer assunto com qualquer pessoa. Não dizem nada, mas dão a pausa do recolhimento, o suspiro de mudar o assunto, o toque de mistério e encanto. E pontuam crônicas com afirmações duvidosas, lembrando que, ao menos no papo vadio, tudo é relativo.

Decifra-me ou te devoro

Diante do caixa eletrônico, a mulher põe a sacola de supermercado no chão e olha para trás — sou o primeiro depois dela na fila de quatro pessoas —, com um meio sorriso que não oculta a apreensão. Curva-se ligeiramente para a frente, protegendo os gestos com o corpo. Do meu lugar entrevejo alguns movimentos, intuo outros. Ela abre a bolsa de plástico colorida e, escondendo-a, olha para trás com o mesmo sorriso postiço com que tenta disfarçar a vigilante desconfiança. Pálida e preocupada, vê através de lentes embaçadas pelo suor. Do fundo da bolsa pesca uma carteira, que esconde entre o peito e o rosto, olhando de esguelha para um lado e outro. Da carteira, com leve tremor nas mãos, tira o cartão magnético.

Vejo-a pelas costas: cabelos brancos como neve, corpo sólido e roliço, quase da altura do monitor. Prende a bolsa sob o braço, a alça sobre o ombro. Enfia o cartão na fenda da máquina. Nos segundos de espera, olha para trás com sorriso mais animado, enquanto tamborila ansiosa. Nada acontece. Depois do aviso, o cartão é devolvido. Ela hesita, cartão na mão. Desapontada, lê instruções, confere números, inverte a face de entrada, volta a enfiá-lo na fenda. Olha para trás, balança a cabeça em censura à própria memória, a expressão preserva algum ânimo, mas o tamborilado acelerou.

Confundida pelas setas correspondentes aos números na tela, esboça um assovio, e sai um sopro inaudível, aleatório e nervoso. Insegura, aperta uma seta. O sinal sonoro acusa o registro. Ela se volta; o suor aumentou e o sorriso prenuncia uma confiança que não tem. À guisa de localizar um número, ziguezagueia o indeciso indicador sobre a tela iluminada. Da fila, atrás de mim, vêm suspiros de impaciência. Ela aperta outra seta. O sinal sonoro. Novo balé do indicador sobre a tela. A cada sinal, o sorriso vai se tornando vitorioso. Até que surge na tela o veredicto: os dados não conferem. Ao se virar, a expressão de desapontamento inclui vergonha e humilhação. O suor aumenta.

Ocorre-me que, para certas pessoas, estar diante de um caixa eletrônico — silencioso, frio, enigmático e autoritário — é situação que reproduz o mito de Édipo diante da esfinge; como se a máquina desafiasse: "Decifra-me, ou te devoro!" A cada botão que se aperta, segue-se intensa expectativa. Tudo pode acontecer. Instala-se o medo. A máquina, que pode tudo, pode cuspir fora o seu cartão ou, pior, devorá-lo. Em qualquer das hipóteses, só resta ao usuário resignar-se: não há resposta, explicação nem desculpas. Não há diálogo. Ela é soberana, e suas atitudes, irreversíveis. Daí a submissão impotente daquela mulher.

Aflita, a fila, que cresce, entreolha-se impaciente, mexe-se e resmunga. Vexada, ela confere misteriosas letras e números, bate cabeça no labirinto informatizado para iniciar o enigmático périplo que, afinal, a levará à posse do que é seu.

Na ponta dos pés, tamborila depressa, o suor acumulando-se nas lentes. Hesitante, o indicador se agita sobre a tecla. Enfim, digita código e senha. Para seu desespero, outra vez os dados não conferem. Ao se virar, molhada de suor, seu olhar de abandono e desamparo é um pedido de socorro, uma súplica, que inclui desculpas aos que esperam impacientes. Alguém da fila ensina o que digitar e em que ordem. Outro adverte: quem se aproxima da tela pode ser acusado de roubar a senha e o código de acesso. Uma moça diz que ela deve procurar a funcionária da agência. Outra sugere que use o caixa de idosos. Uma senhora pede respeito com a terceira idade, e o rapaz acusa os bancos de repassar aos correntistas a obrigação de sacar dinheiro para demitir os caixas. A discussão esquenta.

Pressionada pela confusão, cresce sua agitação em frente à máquina. Suando e agitando o indicador entre teclas e tela, ela tenta desesperadamente vencer a ansiedade e o medo de errar. Até que, enfim, surge escrito: Senha Bloqueada. Pálida de espanto e combalida pelo desalento, ela pega a sacola de supermercado e se afasta aos prantos. Quem não decifra o enigma da esfinge não toma posse do que é seu.

Dona Alcione

Pais escolhem o nome dos filhos por motivações suas, não dos filhos, é claro. E, no entanto, são esses que passarão a vida sendo chamados por nomes que não escolheram. Por razões óbvias, desde cedo sou atento à questão — nenhum homem se chama Alcione impunemente —, mas nunca sofri por isso. Nomes e apelidos suscitam gozações, podem causar incômodos até a adolescência. Nunca me perturbei. Mas fui salvo pelo gongo: a voz grave e sinistra.

Alcíone, com o agudo, é um fabuloso pássaro de grandes altitudes e sereno canto de bons augúrios, citado nas tragédias gregas; já Alcione — de mesma origem — é protagonista de *Ressurreição*, romance espiritualista. Até tentei, mas não descobri por que mereci tal nome. Comum aos dois gêneros, induziria a garotada a me tratar de mulherzinha ou maricas. Mas logo mudei de papo e a precoce voz grave atraiu mais: virei Trovão, Rocha-Trovão etc. O tom de baixo profundo me abalava, nunca o nome — que hoje me diverte, alegra e consola.

Lembro-me da aflição em volta da lista de aprovados no vestibular para curso escasso em mulher. Sádicos, os veteranos esfregavam as mãos, ávidos de trote: "Tem uma Alcione! É minha! É minha!" Assustado, antecipo-me, com a voz de trovão: "Alcione sou eu! E sou homem, pô!" Decepcionados, em vez de desistirem, me atacam com tintas, tesouras e água suja.

Correspondência de mala direta — e de quem não me conhece — endereçada a dona ou Dra. Alcione já é rotina. Também em público: na alfândega, o agente grita, agitando o papel: "Dona Alcione!, Dona Alcione!" — sem me reconhecer a seu lado, com o tíquete à mão. Um grande jornal carioca, vítima da falta de assunto, exibiu fotos de homens com nomes anfíbios, por acaso três mineiros: Itamar Franco, Darcy Ribeiro e este Alcione. Ao lado, fotos de três mulheres de mesmos nomes. É óbvio que a minha xará era a sambista, também conhecida como a "Marrom". Logo eu, que canto como um corvo, confundido com a aplicada cantora! Parece incrível, mas já pousou na secretária eletrônica — onde reboam minhas trovoadas — uma voz malandra com sotaque etílico-carioca: "Exscuta, Alcione, é o Josiaxs. Só pra saber se tu vai dar mermo a canja de terça, lá no Chão de Exstrelaxs de São Crixstóvão. Ligo maixs tarde. Beijão." Imagina a cena no boteco: um, alegre, quer o número da cantora; outro, solícito, dá o meu. E ninguém se dá conta. Pobre da Marrom, perdeu pontos por não ter aparecido.

Na Cinelândia, o povão comprimia-se junto ao palanque onde artistas e intelectuais faziam protesto contra demissões e fechamento de órgãos de cultura no governo Collor. Com a sua habitual discrição, Elke Maravilha, animando a ruidosa plateia, anunciou: "E agora vem aí uma pessoa que tem uma voz maravilhosa, que eu amo e que vocês adoram." E, com um grito triunfal, apontou: "Com vocês, Alcione!" A massa uivava, pulava, erguia os braços. Eis que entrou em cena eu, o obscuro — empurrado do bastidor. Do alto do palanque encarei em pânico a multidão. Os gritos sumiram num abismo, os braços murcharam devagar, a massa aquietou-se em profunda decepção. Nunca vi maior anticlímax. Nem maior falta de graça. Não fora a elétrica presença da Elke, teria me enfiado chão adentro.

Numa entrevista ao antigo *Pasquim*, o amigo Jaguar, que não perde uma piada, mandou de cara: "Você faz teatro, tem nome de mulher e não é veado: explica esse fenômeno." Eis, explícita, a sempre velada gozação. Respondi com humor: "E fenômeno se explica?"

Acontece de atender o telefone e ser fuzilado pela moça do telemarketing: "Favor, dona Alcione." Trovejo de cá: "É ela." De lá, a voz súplice: "Ohhh... desculpa!" Dia desses, uma quis me empurrar seguro de vida: "Dona Alcione?" Mandei o trovão fatal: "É ela!" Para meu pasmo, porém, a criatura seguiu com a metralhadora verbal. Quando respirava, eu tentava explicar que não faço seguro etc., mas ela cortava: "A senhora não entendeu, dona Alcione...", e ia em frente, surda à voz viril. Perdi a paciência: "Você acha que essa voz é de mulher?" Silêncio do outro lado. Diverti-me imaginando a cara de espanto da afoita.

No aeroporto, após a feira do livro, amigos escritores não seguravam o riso mal o alto-falante chamou: "Senhora Alcione Araújo e senhora Zuenir Ventura: favor comparecer ao balcão de embarque." E lá fomos, eu e o Zuenir, saguão afora. Atônita, a moça explicou: "Desculpa. A empresa gostaria que voassem na primeira classe. Mas a cortesia é só para mulheres." Sob a gozação dos amigos, voltamos cabisbaixos aos nossos lugares.

Não bastasse, dia desses minha filha contou-me um desdobramento ao mesmo tempo insólito e bizarro: a burocrata da universidade onde ela dá aula perguntou-lhe, atônita: "Escuta, a senhora é filha de duas mulheres?" Perplexa, minha filha, doutora em filosofia, não soube o que responder. Eis a famosa dona Alcione, mulher que procuram no meu nome, e que não está em mim porque ninguém é um nome.

Pelo amor a estar vivo

Passou dos 80 e, frequentador de praia, tem corpo esbelto, queimado de sol, além da jovialidade palpitante e do humor, cada dia mais raros na cidade. Nada sei da sua vida pessoal, mas a disponibilidade para conversar chama atenção num mundo que, sem tempo para ler jornal, contenta-se com as manchetes. Diz o jornaleiro que é advogado aposentado de órgão público, filhos casados e, em vez de ficar em casa com a mulher, se estaciona diante da banca de jornal, a ver capas de revistas e ler primeiras páginas de jornais. Falante e histriônico, comenta as notícias com qualquer um que esteja ali espiando.

Vendo-o *en passant* ao longo de anos, reuni flagrantes do seu ritual: ao chegar, lê manchetes e chamadas, às vezes ergue a página para continuar. Inteirado das notícias, cruza os braços e, mão no queixo, avalia os demais leitores-caronas. Escolhe um e faz o primeiro ataque: "Vergonha, não?" Se a pessoa assente, ele descruza os braços e avança na espinafração: "Devia estar na cadeia, o safado!" A maioria o ignora, uns riem amarelo e se afastam. Quem fica, xepando mais notícias, é obrigado a ouvir suas opiniões, que, partindo de manchete, toma rumos imprevisíveis, mudando de assunto, indo ao passado, ao futuro, outros países e religiões, sem se esgotar. Agitadas, as mãos tocam o peito do outro, seguram o braço, o ombro, e não demora ele sopra frases no ouvido. O pior: fala lançando miríades de perdigotos ao espaço. Apressados e incomodados fogem; tímidos e educados, sem jeito de escapar, ficam aflitos.

Como se podia prever, um dia chegou a minha vez; e, atacado, me rendi. Ele partiu da notícia e logo passou a falar de si — talvez por me ver no bairro, ou porque resolvera se divertir me divertindo. Não me importa se diz a verdade ou inventa; ando mais carente de imaginação do que de verdades.

"Sequestrador", disse ele, "não se interessa por gente da minha idade. Se for um dos reféns, vou ser o primeiro a ser liberado. Não vão correr o risco de eu morrer do coração e agravar a pena deles." Ao me ver rir, se animou: "Não me queixo da idade, vivo no lucro. Sinto mais a idade na atenção dos outros comigo do que em mim. As pessoas ficam mais tolerantes, não cobram tanto. Também, ninguém espera que eu entre correndo num edifício em chamas! Até a convivência com os amigos fica melhor, mais íntima, posso falar de tudo, não preciso esconder os segredos; no dia seguinte, todo mundo esqueceu mesmo!"

A conversa divertia, apesar das esquivas para fugir das mãos e braços de polvo e escapar dos perdigotos. Disse que o achava saudável e serelepe.

"Fui surfista. Não tenho problemas de saúde porque não vou ao médico. Mas carro usado, você sabe, se abrir o capô, sempre se acha defeito! Meus amigos discutem, de quase brigar, os planos de saúde; eu começo a achar, por eles, que valeu a pena investir em plano de saúde — hoje, quem manda a gente ir devagar não é mais a polícia, é o médico. Até converso sobre os avanços da medicina e da cirurgia: dos outros! Um amigo, que fez cirurgia cardíaca, quando vê uma gostosona, o marca-passo aciona a porta da garagem. O sexo, que afligia, se resolveu sem dor: eu posso viver sem sexo, não posso viver sem óculos — minha vista não vai piorar muito mais! Minha mulher dizia: 'Vamos subir e fazer amor', eu respondia: 'Escolhe!' Hoje, com o Viagra, subo e ainda faço cem abdominais! Eu, que sofri por ciúme, hoje nem quero saber aonde minha mulher vai. Desde que eu não vá com ela! Tenho seis namoradas na internet, todas me tratam por Gatinho!"

Há piadas feitas, clichês e bravatas. O tocante não é originalidade, nem a verdade, mas a atitude de, na sua idade, ter humor, rir de si, para chegar ao outro, mesmo estranho, e se enturmar: claro empenho para não sucumbir à solidão e manter-se vivo, presente, ativo no mundo. Na despedida, caçoou: "Desculpa a pegação. Além de surfe, fiz judô! Da próxima vez traz o guarda-chuva!" E se afastou, rindo do cronista e do mundo. Pelo amor a estar vivo.

Amor e ética

Viam-se todos os dias. Podia chover canivete. Mal acabava o expediente, Albertinho corria ao ponto de ônibus e ia direto da agência para a casa de Consolação, nas franjas da cidade. A recepção começava no jardinzinho à frente da casa. Suado, cansado, amarfanhado, Albertinho era envolvido pela noivinha limpinha, cheirosa, de banho recente. Eram tantos abraços, afagos, beijinhos e carinhos que já nem ligava para a implacável fiscalização da vizinha, meio tantã, que espionava por cima do muro. Girando à volta do casal, a desajuizada via uma coreografia de anjos, arcanjos, querubins e serafins, ao som de uma música celestial. Era tal o encantamento que nunca deixava de ver, exceto quando estava internada.

Todas as noites, Consolação cruzava a sala puxando a mão de Albertinho, que cumprimentava os sogros e seguia para a copa, sem esperar resposta. Dois anos de namoro e um de noivado, os sogros nunca tiraram o olho da TV para cumprimentá-lo. Ao contrário, moviam-se para não perder a telinha de vista.

Era na copa que o casal acampava. Consolação servia o jantar, e eles comentavam, em voz baixa, os nadas com que preenchiam o dia, as migalhas de vida, as pequenas esperanças, os pequenos sonhos e pequenos ódios: a promoção a caixa que o banco sempre adiava; o aumento de salário de que Dra. Arlete nunca mais falara — não sei se disse que a noiva, auxiliar de dentista, trabalhava no consultório da Dra. Arlete; mulher deslumbrante, inteligente e rica, a quem, aliás, Consolação odiava porque teria dado em cima de Albertinho —, a lista dos móveis para comprar; a de roupas de cama, mesa e banho, que naqueles dias estavam em liquidação na Casa Santista. Depois, ela sentava no colo dele, cobria-lhe o rosto de beijinhos, acarinhava-lhe os cabelos e, por fim, desfrutavam, ali na copa mesmo, da intimidade de noivos, mais calorosa do que de namorados, menos entediada do que de casados.

Num dia chuvoso, desses em que a enxurrada cobre a calçada, Consolação chegou encharcada ao consultório. Cumprimentou timidamente a Dra. Arlete pelo aniversário e foi informada de que à noite haveria festa. Em vez das tarefas de auxiliar de dentista, foi incumbida de fazer as compras para o evento.

À noite, embora exausta e irritada, viu-se obrigada a comparecer à comemoração. Ao longo do dia, a Dra. Arlete pedira tantas vezes e com tamanho empenho — até falou no esquecido aumento — que fosse e levasse o Albertinho que, a contragosto, Consolação não apenas foi como levou o noivo. Foi com ódio, mas foi. Foi exausta, mas foi. Foi com medo, mas foi. E ainda levou o futuro marido. Alguma coisa, escondida no fundo do seu coração, anunciava maus presságios.

Impossível festa mais chata. Só dava dentista. Só se falava de odontólogos e odontologia. Para a Dra. Arlete, Albertinho era o único homem presente. A mulher não desgrudava dele. Arrastava Albertinho pela mão para apresentar a um e a outro, sorrindo para Consolação: "Só um minutinho, Consolação, e devolvo seu noivinho."

O ciúme da noiva virara fel no seu coração. Queria ir embora, antes que alguma coisa acontecesse. Mas, àquela altura, suspeitando da conivência de Albertinho, seu coração pedia mais, pedia vingança. Da varanda, via toda a lagoa Rodrigo de Freitas. Olhou para baixo. Uns 20 a 30 metros de altura — bastava dobrar o corpo e soltá-lo.

Foi quando ouviu música e aplausos vindos da sala. Chegou à porta. A Dra. Arlete e Albertinho beijavam-se escandalosamente na boca, cercados de amigos que cantavam e batiam palmas. Consolação sentiu-se humilhada, como se fosse um animal, como se fosse transparente. Perdeu completamente a noção de onde estava, de quem era e quem eram aquelas pessoas. Sua emoção entrou numa turbulência incontrolável, sua inteligência era incapaz de discernir. O que fazer diante daquele beijo e da Lagoa? Seu corpo tremia, exigindo uma atitude imediata. Ela aproximou-se um passo do casal. Chamou baixo pela Dra. Arlete, que, sorrindo, soltou Albertinho e explicou que era uma brincadeira sem maldade.

"Eu sei", disse Consolação, numa calma emocionada e contida. "Sei que é brincadeira. A senhora pode brincar. É uma mulher linda, é doutora e é rica. A senhora pode ter o homem que quiser nesse mundo. O homem que escolher, que sonhar. Já comigo é diferente. Não sou bonita, não sou doutora, nem sou rica. Só tenho o emprego, que a senhora me arranjou, e o meu noivo. Que outro homem se interessaria por mim? Na minha idade, é quase impossível que eu consiga outro noivo. É por isso que lhe peço, Dra. Arlete, deixa meu noivo pra mim, que não tenho nada. A senhora já tem tudo."

Um manto de silêncio cobriu a sala. Todos olharam para Consolação e a Dra. Arlete, que, afinal, sussurrou: "Você merece seu noivo. Mas eu o amo; e o mereço também. E o amor ignora o que seja o direito, o justo, o ético..."

Dra. Arlete seguiu falando. De passagem, Consolação estendeu a mão para Albertinho, que recusou e baixou a cabeça. Ela olhou a vista da Lagoa. Depois, foi andando devagar, até desaparecer no corredor escuro.

No subúrbio, a vizinha tantã viu um vulto conhecido girando entre os seus anjos, arcanjos, querubins e serafins.

Amor em torpedos

Fui dos últimos a aderir ao celular, logo depois de Ramsés II. Quem trabalha em casa não quer, nem precisa, de telefone no bolso ou na cintura. Fui fiel aos fixos, com e sem fio, espalhados pela casa: vivo na companhia da minha secretária, por acaso eletrônica. Ou eu atendo, ou ela — que, gentil, me dá tempo para decidir. Sem a sóbria discrição do fixo, de uso privado e privativo, o celular é embolsável, escamoteável e descartável — propício ao ilícito — para ser usado na rua, no carro, em bar, elevador, em qualquer lugar, à vista e ao ouvido de todos, num vulgar exibicionismo. Talvez daí minha descarada relação de uso, como uma amante, com exigências e sem retribuição: esqueço de carregar a bateria, ao sair deixo em casa, ao voltar largo no bolso da roupa, ou jogo-o na gaveta e fecho. E suas virtudes mais aliciantes — jogos, câmera, internet, agenda etc. —, sequer sei usar.

Eis que num dia chuvoso de dezembro sou surpreendido por um torpedo que, voando sem rumo, pousou no meu celular com enigmática mensagem:

"Oi Márcio, hoje consegui saber o seu nome e assim o seu nº, depois de tanto tempo de apenas olhares. Bjs." Abaixo a data, 09.12.2009. E a hora: 20:53. E o número de telefone, que não vou revelar.

Senti a euforia de ser o Márcio e receber tal torpedo! Gosto de saber que alguém batalhou pelo nome e o telefone do seu objeto do desejo e declara seu interesse. Ponho-me no lugar do Márcio: como vai saber que alguém o deseja? Penso em responder... mas dizer a ela que não sou o Márcio! Será uma decepção. Desisto. Mas fico na expectativa. Dia seguinte, corro ao celular — outro torpedo:

"Oi Márcio, pensei que vc ficaria feliz com o torpedo de ontem, que pena! Tanto tempo para saber o seu nome e o seu nº. Bjs." Data, 10.12.2009. Hora 21:49.

Quase 10 da noite, o desapontamento pelo silêncio do Márcio, que, coitado, nada sabe. O encontro deles está ameaçado. E se nasceram um para o outro e essa for a única chance de se conhecerem? Preciso fazer alguma coisa e não sei o quê. A história invade o meu dia. O celular ganha prestígio, vai da gaveta para cima da mesa. Espero novidades. Só no fim do dia seguinte chega novo torpedo:

"Acho que você não sabe quem sou eu. Ou estou enganada?" Dia 11.12.2009. Às 17:18. Afinal, confirma-se que se trata de uma mulher. Será que o Márcio não a conhece? Ela é ousada, mas está insegura. É hora de eu entrar na história. Mas o que dizer? Pela primeira vez, um segundo torpedo no mesmo dia. Às 19:07: "Pq vc não responde? Qdo passo, vc fica me olhando. Vc não sabe quem eu sou?"

Decido responder: "Não sou o Márcio. Ele não recebeu seus torpedos. Por favor, não desista. Corra atrás do seu desejo. Boa sorte." Aliviado, passo a torcer pelo encontro. Achei que se inibiria com minha intromissão, e não esperava resposta.

Às 10:00 do dia seguinte, 12.12.2009, ela chegou: "Perdão pelo engano. Muito desagradável esta situação. Obrigada pelo incentivo."

Não recebi mais torpedo, não sei o desfecho da história. Salvei o número dela e às vezes dá vontade de pedir notícias — sei que nunca o farei. Mas a misteriosa história de amor salvou o meu relacionamento com o celular.

Ligações perigosas

Fim do dia, Darcy Camelo, diretor da área de petróleo, interfona à secretária: "Amélia, estou sem o meu celular e não sei onde o esqueci; você me faz um favor: liga pra Dilu, minha empregada, e pede pra avisar à minha mulher — até tentei falar diretamente com a Beatriz, mas o celular dela está desligado ou fora de área, não sei — pra avisar à minha mulher que estou indo pro aeroporto e não volto pra casa hoje. Aconteceu uma emergência e convocaram uma reunião do Conselho Diretor em São Paulo — você viu a agitação que houve hoje aqui! — pra decidir sobre a expansão do setor de petróleo na América Latina. Vou para o apart-hotel Magnólia, como sempre, e vou jantar no Maria Immacolata. Mais tarde, depois da reunião, ligo pra ela do quarto. Obrigado, Amélia."

A secretária liga para a casa do chefe. Atende a sogra dele, em visita à filha, que foi ao supermercado. Ela deixa o recado com a sogra: "O doutor Darcy Camelo está pedindo pra dona Dilu estar avisando à dona Beatriz — esquisito nenhuma das duas estar sendo encontrada! Aliás, ele disse não estar entendendo o que está acontecendo com o celular da dona Beatriz, que está sempre desligado ou fora de área! Ele pediu pra estar avisando à dona Beatriz que não vai estar voltando pra casa hoje porque vai estar indo pra São Paulo, onde vai estar se hospedando no apart-hotel Magnólia e, como sempre, vai estar jantando no Maria Immacolata. Na reunião de hoje, o Conselho Diretor vai estar discutindo a expansão do petróleo na América Latina. Devido a estar ocorrendo esta emergência, está havendo muita agitação por aqui hoje — a senhora deve estar sabendo. Mais tarde, depois da reunião, ele vai estar ligando direto pro quarto dela."

A sogra, de partida, dá o recado à empregada: "A secretária do Darcy — mulher mais enxerida, eu hein! — achou estranho que nem você nem a Beatriz estivessem em casa! Beatriz tem que abrir o olho com essas secretárias, eu hein! Bem, ela ligou pra dizer que o Darcy mandou avisar à Beatriz que vai estar indo com a Magnólia pro Conselho Diretor. Quem é essa Magnólia, Dilu? A Beatriz conhece? Eu, hein...! E uma tal de Imaculada, já ouviu falar nessa Imaculada? Eu, hein! Parece que está havendo muita agitação e poderá haver até uma explosão de petróleo na América Latina — a enxerida disse que eu devia estar sabendo, mas nunca ouvi falar nisso. O Darcy manda dizer também que não vai mais ligar pro celular da Beatriz porque está desconfiado que ela desligou pra não atendê-lo. Beatriz está no supermercado mesmo? Tem certeza? Bem, ele mandou dizer que vai estar no quarto de emergência do motel. Eu vou embora, isso aqui vai ferver! Eu, hein!"

É noite quando Dilu dá o recado à patroa: "Dona Beatriz, a senhora nem vai acreditar o que aconteceu: a América Latina explodiu! Espalhou petróleo pra todo lado! A maior agitação, Virgem Maria Santíssima! A mãe da senhora perguntou se a senhora estava mesmo no supermercado. Eu disse que sim, mas fiquei meio assim... O Dr. Darcy disse que esta é a maior emergência que já houve em São Paulo! Valha-me, Deus! Pra ele dizer isso, deve ser o fim do mundo! O pior a senhora não sabe, dona Beatriz. Até tremo de medo de falar. Fica calma, dona Beatriz, que Deus nos perdoe. A desgraça é que, na agitação, o Dr. Darcy ficou sabendo do rolo da senhora com o Edson Celulari. Foi a maior confusão! Mas ele ouviu o conselho do diretor e se mandou com a Magnólia — imagina que essazinha se esbalda com marido alheio e se diz virgem e imaculada! —, a senhora conhece a vadia? Essa noite o motel vai ferver! A mãe da senhora, que não é besta, ouviu essa história e se mandou; o Dr. Darcy, que não é besta, se mandou com a imaculada; e a senhora, que não tem nada de besta, vai se mandar com aquele gato. Então, dona Beatriz, faz favor de não me fazer de besta: acerta as minhas contas. Sou uma mulher de respeito, não posso ficar no meio dessa desmoralização. Eu, hein!"

Bela, bela vida

Amiga, escritora, 76 anos, orgulhosa dos cabelos de algodão, dos espíritos mais joviais que conheço, enviou-me mensagem:

Sua crônica não me sai da cabeça. Por isso envio-lhe cópia da carta que recebi aos 71 anos, talvez seja das coisas mais bonitas que me aconteceu. O roteiro que N. e eu escrevemos, o argumento é minha vida, aos 16 anos. O autor da carta é personagem importante: o primeiro amor ficou meio encantado, pensava que apenas na minha memória. Mas a carta de D., escrita 55 anos depois, mostra que não. Daí me fica a certeza de que amores não acabam; apenas vivem o tempo que têm que viver e ficam sendo verdade pelo tempo de uma vida. D. morreu dois anos depois desta carta. Eu não o via há milênios, mas sempre pensei nele com carinho pelo encantamento daquela época. Nunca mostrei esta carta a ninguém. Minto. Mostrei a meus filhos: achei que seria uma forma de eles conhecerem a mãe quando ainda não o era, e sob um ângulo pelo qual as mães nunca são vistas. Acertei em mostrar. Eles ficaram encantados. Este exemplo de amor que não é mais, ou continua sendo, fez bem a eles. Mostro a você porque sua sensibilidade é capaz de perceber o paradoxo. Destituído de pieguice, este amor faz mais que bem e me assegura que, de fato, tive uma bela, bela vida.

À carta, ocultando nomes e lugares:

Minha eterna A. Primeiro a surpresa de ver o Q. aos 60 e...? Depois, pelas respostas às minhas indagações, invadido pela saudade e pelas lembranças. Q. me deu seu endereço e telefone, mas vai por escrito para você ter tempo de engolir e digerir! Quando foi a última vez? 1974? 1975? Foi quando o Dr. P. faleceu. O lapso já era grande naquele tempo, e eu lembro que fiquei aliviado de ver que o encanto e a sedução não tinham desaparecido. Disse-me Q. que ainda estão presentes agora. O tipo de encanto e sedução que você tem não passa com a idade. Pelo jeito você continua provocando e provocante. 71, não é? Abril, 15.

Nos chopes de sexta, H. e eu, vai conversa, vem conversa, aparece você, fantasma de nossos sonhos e desejos. Que tal aparecer em carne e osso? Sexta-feira, a partir das 19h, no L. Um amigo que sempre vai morre de vontade de conhecer você pelas histórias que contamos. Sobretudo a do tiro fatal. Ele é médico e se diverte.

Você virou lenda até para meus netos. R. cita rindo a eterna paixão do vovô! Como esconder? Ela assistiu a tudo. Quase tudo. Com tudo que aconteceu, pensei que te havia segurado, mas você escapuliu e continuou encantadoramente inatingível. Lembra? Foi numa clara manhã... é assim que lembro sempre que penso — e sempre penso. Seu maior encanto era não levar a sério o encanto que tinha e ser a pessoinha mais livre, corajosa e independente que conheci em minha vida. Muito depois falaram de livre, leve e solta. Mas você inventou isso muito antes.

    Baita saudade me dá a sua chegada no das 11 brigando e ganhando do Ventania. As outras ficavam fulas. Na memória ficou que havia um silêncio cheio de intenções do lado masculino e outro ressentido do feminino. Elas te invejavam, mas eram também seduzidas por você, sabiam que você não dava a menor bola para nossa boca aberta. Podia ser de outro jeito? Aos 16 você já mostrava a que vinha.

    Mas minha querida, vem sim. Traz o Q. Ele era um penduricalho constante naquela época, pode voltar a ser agora. Se me avisar antes, chamo H. Dei o telefone para Q. Agora a chantagem: tenho um bandão de fotos do nosso entrevero equestre. Posso copiar para você. Mas só se você vier. Tem uma em que você, ao fundo, está me assistindo num triplo com uma cara que prenuncia a tragédia que viria a acontecer. Acho que já era o desempate. Ficou registrada para a posteridade a única vez que levei a melhor. Lembra de V. agoniado anunciando o desempate?

    Soube por Q. que você escreve, e bem. Tem memórias? Se tiver, traz, mesmo que eu não esteja nelas. Estou? Seria tão bom. Troco pelas fotos. Avisa com antecedência para que possam ser copiadas. As minhas não cedo nem morto. Então, fica combinado que, quando chegar, você vai sorrir só para mim como sorriu numa manhã em que fui eu, e só eu. Valeu para toda a vida, A. Mesmo que...

    Do seu, D.

A vida não é justa, e nem sempre feliz; mas pode ser divertida e, às vezes, bela.

Provação

Deus disse: "Abraão!" "Eis-me aqui", respondeu ele. Deus disse: "Toma teu único filho, Isaque, a quem tanto amas, e vai à terra de Moriá, onde tu o oferecerás em holocausto sobre um dos montes que eu te indicar." Esta é, para mim, a mais terrível passagem do Gênesis. Não sou religioso, mas sou leitor da Bíblia. Suas histórias me encantam. Meu amigo Leonardo Boff diz que sou homem de Deus, só não fui informado ainda. Concordo com Borges que todas as histórias sobre os homens estão na Bíblia. Os escritores apenas as recontam, cada um à sua maneira.

E, na Bíblia, não há nada semelhante à espantosa crueldade do episódio entre Abraão e Isaque. Deus dá uma ordem incompreensível a Abraão, servidor fiel, sábio, rico, poderoso e obediente, o patriarca do mundo ocidental, mensageiro do Senhor entre os homens. O ancião sempre fez por merecer todas as graças. Venceu inúmeras batalhas e destruiu incontáveis reinos de blasfemadores e desrespeitadores das leis de Deus. A recompensa foi o filho Isaque, que Sara já não lhe podia dar.

Então, o único filho legítimo de Abraão e sua mulher, Sara, que Deus lhes concedeu já anciãos, incapazes de reproduzir, será sacrificado por ordem do próprio Deus? O que está acontecendo?

Não sei se a fé de Abraão fraquejou, mas uma sombra de incompreensão obscureceu sua inteligência iluminada. Uma ordem para sacrificar seu filho? Deus consola-o: "Nada teme, Abraão. Eu sou teu protetor, tua recompensa será grande." Levou-o para fora e disse-lhe: "... conta as estrelas, se és capaz... Pois (...) assim será a tua descendência." E prometeu: "Eu dou esta terra aos teus descendentes, desde a torrente do Egito até o grande rio Eufrates." Mas para que a morte do meu filho?, deve ter se perguntado Abrahão. Para que tanta descendência e tanta terra?

Abraão obedeceu, sem queixa, sem perguntas, sem tentar entender. Nada disse a Isaque, nem a Sara. Na manhã seguinte, selou o jumento. Tomou consigo dois servos e o filho. Com a lenha cortada, partiu para onde Deus lhe indicara.

Ao terceiro dia — que para Kierkegaard durou mais do que os 4 mil anos que nos separam do fato — Abraão viu o lugar de longe. "'Ficai aqui com os jumentos', disse ele aos seus servos, 'eu e o menino iremos mais adiante, e depois voltaremos a vós.'" E começaram a subir a montanha.

Eu me pergunto como se sentia Abraão ao conduzir o próprio filho ao holocausto. Como se sentia cumprindo uma ordem que não entendia e com a qual nem deveria concordar? O que sentia Isaque, carregando a lenha nas costas, o machado e o fogo, que ele identificava com o ritual do sacrifício? E o silêncio do pai, que evitava o seu olhar? Enquanto caminhavam, Isaque pressentia seu fim se aproximando?

Notava algo estranho? Sentia medo? A certa altura, diz: "Meu pai..." "Que há, meu filho?" Isaque pergunta: "Temos aqui o fogo e a lenha, mas onde está a ovelha para o holocausto?" Houve, tem que ter havido, um silêncio aterrador de Abraão, até que uma ideia — talvez divina — veio em seu socorro: "Deus (...) providenciará ele mesmo uma ovelha para o holocausto, meu filho." Sem se olharem nos olhos, continuaram seu caminho. Isaque significa "aquele que rirá". Rirá de quê? De quem? Por que um nome tão frívolo numa das personagens mais trágicas da Bíblia?

Abraão, o patriarca, mentiu. Isaque percebeu a mentira do pai? Não trocaram mais palavra. O silêncio pesou como chumbo entre eles. A imaginação ocupava os espaços da palavra. Identificado com amor e compaixão, como Abraão se predispõe a sacrificar o filho? No lugar indicado por Deus, Abraão armou o altar, dispôs a lenha sobre ele e amarrou Isaque pelos pulsos e tornozelos. Pai e filho não se olhavam nos olhos. Mas as lágrimas de Abraão molhavam o rosto de Isaque. Não cabia mais qualquer vestígio de dúvida. Isaque se comportava com a submissão de uma ovelha. Mas houve um momento — tem que ter havido — em que os olhares se cruzaram. Assassino e vítima, pai e filho. De olho no olho, se disseram o quê? Seus olhares revelavam que sentimento? Seus corações se diziam o quê? Eis a ignomínia na vida de pai e filho — um inunda a terra com o mesmo sangue que corre no outro. Para Elie Wiesel, naquele momento "toda a criação suspendeu a respiração".

O que sentiram? Medo? Arrependimento? Culpa? Amor? Abraão sacrificava seu filho para satisfazer a vontade de Deus, vontade que ele nem sabia qual era. Mas tomou do cutelo e ergueu o braço.

Súbito, os céus se abriram e o anjo do Senhor gritou: "Abraão! Abraão!" "Eis-me aqui!" "Não estendas a tua mão contra o menino e não faças nada. Agora, eu sei que temes a Deus, pois não me recusastes teu próprio filho." A morte foi evitada, mas o mistério ficou. Por que Deus exigiu o gesto de Abraão? Por que ele obedeceu? Por que Deus desistiu no último instante? E por que Isaque foi tão submisso? Naquele momento, o que sentiam um pelo outro, pai e filho? Não conseguiam se olhar nos olhos, ou trocar palavra? Abraão viu, então, um cordeiro preso nos espinhos. Livrou-o e sacrificou-o no lugar do filho.

Na verdade, Isaque não era o único filho de Abrahão. Infértil, Sara oferecera sua escrava egípcia, Agar, ao próprio marido. E Agar concebera um filho chamado Ismael, com quem Abraão pouco convivia. Há quem acredite que Abraão foi posto à prova porque preferia Isaque a Ismael, nascido de uma escrava. Pela dificuldade em sacrificar Isaque, o escolhido, a quem ama, e poupar aquele a quem não ama. Esquece as suas vontades para atender às de Deus. E o nome de Isaque? Não nos lembraria que, por mais trágica que seja, a vida não dispensa um sorriso?

Presente eterno

No Natal, o alfaiate e pintor nas horas vagas Edgar Correa de Aquino deu um pato a cada um de seus filhos, Ângelo e Adriano. O presente, que poderia parecer bizarro, foi um sucesso. Puxando o cordão amarrado ao pescoço das aves, as crianças brincavam o dia inteiro, sem se afastarem delas. Em todo lugar da casa, lá estavam os Aquinos arrastando os obedientes patos, resignados ao papel de cães: sem empacar nem latir, no passo do metrônomo, para um lado e outro. Pouco depois, o alfaiate decidiu se mudar com a família de Belo Horizonte para o Rio de Janeiro. Eis, no trem, a família Aquino, de armas e bagagens, na exaustiva viagem. E, à hora da matula, abriram-se latas, caixas e sacos para alimentar crianças e adultos: biscoitos, doces, frutas, frango com farofa etc. Súbito, em meio ao piquenique ferroviário, Ângelo queria que o trem voltasse imediatamente: na afobação da viagem, todos se esqueceram dos inseparáveis patos. A culpa aflorou o choro e a escandalosa birra da dupla, esperneando a exigir as aves, que, abandonadas, passariam fome, dormiriam na chuva e no sereno, podendo ser roubadas. Num apelo final, os dois berraram: não iriam para a nova cidade sem os patos! Perdendo a paciência, o pai encerrou a cena: "Parem com o choro e esqueçam os patos! Nós acabamos de comê-los!"

Décadas depois, pintor estabelecido, o próprio Ângelo de Aquino me contou a passagem. Amigos e vizinhos no Leblon, ele unira dois apartamentos térreos como casa e ateliê. Nós nos víamos sempre: se aqui em casa, ele fuçava as estantes pedindo o resumo de cada volume em cem palavras. Se na casa dele, era a minha vez de fuçar telas e tintas, inventando cores. Cozinheiro, mais vaidoso que talentoso, na casa dele comíamos; na minha, tomávamos vinho, o que dispensa talento.

Vivera em Milão e Paris e, como pintor, entendia-se como intuitivo, na onda picassiana, e caçoava da visão conceitual duchampiana — na verdade, a sua origem, que cedo renegou. Pintou autorretratos que, debochado, intitulava natureza-morta. Com a intenção de criar um bestiário, chegou a um cão, a quem chamou Rex — pintura plana e sem profundidade, que alguns consideravam um tanto *naïf*. Para ele, porém, era algo primal, expressão do fundo das cavernas, herdeira das pinturas rupestres. Ou estilização contemporânea das aristocráticas pinturas de caçadas, com cães e cavalos em cenários rurais. O Rex seria, na pintura, o que na literatura são Quincas Borba, de Machado de Assis, e a Baleia, de Graciliano Ramos.

Pintou o Rex nos cenários por onde andava e nas situações que vivia. Dizia que o cão era seu *alter ego*. Famoso, Rex foi capa de revistas de arte europeias. Mas, pragmático, Ângelo não queimava incenso no altar da arte: vendeu o ícone a uma poderosa indústria japonesa de confecção. "Imagina, o Rex em milhões de roupas, nas ruas do Japão!", festejou.

Um dia prometeu-me um quadro, e, beneficiado pela intimidade, aceitei, com a condição de não ser o Rex, que, para mim, não sei por que, se associava ao pato mal digerido do Natal, que na infância ele tratara como cachorro. Prometeu que abandonaria o Rex e me daria um quadro. Dia desses, volto de viagem e sei que Ângelo se tornou, de fato, anjo — e Chico Mascarenhas, seu amigo-irmão, foi o anjo da guarda na hora da partida: cuidou, ouviu e consolou. Não terei o quadro prometido — ele manteve-se fiel ao Rex. Agora, me consola pensar que, se o tivesse, estaria na parede e, com o tempo, seria mais um utensílio da casa que aos poucos se torna invisível. Agora o quadro não pintado pode ser um abstrato, uma natureza-morta e até mesmo o Rex — o pato que virou cão. A lembrança da promessa é mais viva do que a obra: um presente eterno.

A vida é ruim, mas é boa

Em 1968, quando os jovens sacudiam o mundo com rebeliões libertárias, a lourinha Juliana, com 15 anos, começou a namorar Rodrigo, de 17, amigo dos seus irmãos e *habitué* na casa. O que poderiam então saber das simulações, dissimulações, camuflagens, tristezas, alegrias, decepções e surpresas dos jogos de amor? Para eles, o passado e o futuro se recolheram, e do tempo restou apenas o presente.

Em convivência intensa, Juliana e Rodrigo abriram portas e janelas à paixão, que se instalou como senhora dos seus desejos e impulsos, do presente e do futuro: paixões são inesquecíveis, alegres ou tristes.

Em tempo: sempre dedico este espaço à vida real — faço ficção em outras escritas —, fiel ao meu olhar, míope, é verdade, porém essencial à crônica. Digo isso para excluir qualquer vestígio de ficção no que conto, mesmo ciente de que, para ser verdadeiro, um texto não precisa narrar fato real.

Mas eis que Rodrigo se desentendeu com os pais e decidiu sair de casa. Sem ter para onde ir, foi acolhido provisoriamente na casa dos amigos e da namorada, cujos pais ajudavam na reconciliação. Cresceu a familiaridade entre os pombinhos; porém, pouco depois, o namoro acabou — por razões que ninguém soube, não precisava saber, nem cometeu o deslize de perguntar. Sob o mesmo teto, findou-se a intimidade, não a amizade. Mais tarde, quando Rodrigo resolveu estudar em Londres, os pais de Juliana o ajudaram a se preparar para a viagem.

Na espalhafatosa agitação do mundo, o tempo passa sem se deixar ver, em diáfano silêncio, sem cor, sem odor e sem sabor. E a vida segue seu imprevisível curso, navegando ao acaso — esse, sim, senhor da vida e da morte. Juliana apaixonou-se por outro rapaz, casou-se e teve duas filhas. Rodrigo voltou de Londres, foi trabalhar em Brasília, por lá se casou e teve quatro filhos.

Gira o mundo, roda a vida, há dois anos morreu o marido de Juliana, deixando as filhas formadas; uma médica, outra advogada. No denso vazio da viuvez, Juliana encontrava o travesseiro quando, dormindo, a mão carente tateava, no escuro, a cama.

O indefinível tempo só se deixa ver pelos efeitos de sua ação, ao esculpir a pedra dura da montanha, fazer brotar do galho seco folhas, flores e frutos; fazer nascer, crescer, envelhecer e morrer. Essa semana, a mãe de Juliana, 78 anos, viúva, convidou a filha para jantar, acenando uma surpresa. Eis que Juliana e Rodrigo se reencontraram pela primeira vez em quarenta anos. A emoção deu cambalhotas no tempo, o passado refluiu redivivo: lembranças, alegrias, rumos da vida, lágrimas, risadas, revelações; separado, filhos criados, Rodrigo vivia sozinho havia cinco anos.

O indefinível tempo passa e deixa marcas nas pedras, na vida, no rosto, na cor dos cabelos. Viver é navegar ao acaso, expor-se ao inesperado. Noutro encontro, Rodrigo presenteou Juliana com uma caixa de fotos da adolescência e um diário pessoal. Ela atirou-se à leitura, mal ele se despediu. Por anos e anos ele anotou, nas datas certas e com ternas observações, fatos decisivos da vida de Juliana: cada aniversário e a nova idade, o início do namoro, o rompimento, o casamento dela, nascimento da primeira filha, da segunda, a morte do marido, tudo, tudo, até a data daquele dia, quando, respeitando dois anos de luto, fora procurá-la.

Aos 57 anos, Rodrigo propôs a Juliana reviver a paixão dos 17. Navegando a esmo, voltarem ao mesmo porto é o improvável feito possível. Entre surpresa, incrédula, assustada e o coração inundado de gratidão pela vida, ela aceitou reviver os 15 anos aos 55. Não são mais o que foram, mas, após uma pausa de quarenta anos, o namoro recomeçou.

Implacável, o tempo não para; e a vida, entregue ao acaso, é ruim, mas é boa.

Quem mói no asp'ro não fantaseia

O amigo convidou a visitar a fazenda que comprara em Minas. Seu irmão, médico no Rio, ofereceu carona — iria conhecer a nova propriedade e levar de volta o empregado que, em macambúzia apatia, viera fazer consultas médicas. Éramos quatro, com o motorista; e durante a viagem só o médico e eu falamos. Os dois, sempre calados — um porque guiava; o outro... Bem, justo esse silêncio o levara às consultas; pelo visto, inúteis. E falamos de tudo — eu curioso, ele tagarela —, sobretudo de amor e mulheres: destaques em pauta masculina. Chegamos a um lugar entre Curvelo e Montes Claros, no sertão, enfim. E, para mim, sertão há dois: o sertão real, de terra, mato, bicho e gente; e o sertão metafísico, do Guimarães Rosa, que o definiu: "O sertão é dentro da gente."

Dia seguinte, acordei cedo, aspirei o ar úmido de sereno que gela narinas, senti o cheiro de mato, vi a ordenha sem tomar o leite, levei gado ao pasto, vaguei num mundo que mal conheço e me fascina. Eis que o macambúzio parceiro de viagem me surpreendeu: sem que pedisse, trouxe-me o cavalo selado para montar — entregou-me a rédea, cabisbaixo e mudo. Gestos miúdos de gente rústica, grávidos dessa tímida delicadeza, me falam ao coração.

Agradeci-lhe efusivo, lembrando das consultas. Indaguei se alguém o mandara trazer. Ele deduziu que havia feito algo errado, e queria retomar a rédea; não deixei. Perguntei pelo seu cavalo, ele silenciou. Quis se afastar, trouxe-o de volta: peço que vá comigo, não sei montar nem conheço as terras. Ele insinuou ir a pé. Recusei: quero-o a cavalo. Ele montou, mais obediente que convidado. Passeamos horas a fio — eu tagarela, ele curioso. Até que, desmontados, sentamos à beira do riacho — ele atrás, silencioso; os animais bebendo.

Pressenti que me olhava. Deixei o silêncio instalar a cumplicidade. Logo ele disse: "O doutor fala bonito. No carro, fiquei besta." Desconversei. Inquieto, tirou o chapéu, desamassou, limpou, repôs: "O doutor dá um aconselhamento?" Aflito, tentei sair do aperto. Não sei nem para mim; palavra bonita é enganosa; a vida, como o sertão, é dentro da gente etc. Não o convenci. Lembrei-me das consultas... Resolvi ouvi-lo.

Casado havia três anos, a mulher o traíra com o amigo, todos sabiam. Sofria feito cão danado. Cogitou matá-la: ela jurou lhe querer bem; pecou, mas sem intenção de magoar; arrependida, pediu perdão. Pensou em matar o amigo: ele disse que não reagiria, pediu perdão e jurou que era seu melhor amigo. Pensou em matar-se: não viu por que se punir. Considerou expulsá-la de casa ou ir embora, mas não conseguiu se imaginar sem ela. Em meio à tormenta, constatou: era impossível viver sem ela. Queria que eu dissesse se ela ainda lhe queria bem. Mais: depois de desonrado e humilhado, deveria voltar a viver com ela? Meu Deus! Eu, que não sei nada de nada e vim visitar vaca, curral e capim! Fosse comigo, não saberia o que fazer! Mais que o sertão, o coração é dentro da gente.

Aceitei ser confidente, e ele me fez cúmplice — só quis ser solidário, havia as consultas... Sugeri: se é impossível viver sem ela, então... Honra é outra coisa etc. e tal... Não o convenci. Ele, então, disse que eu não podia falar antes de conhecê-la, olhá-la nos olhos e saber se ainda lhe queria bem. De cúmplice, passei a refém. A contragosto, assenti em vê-la.

Trabalhava duro, descascando e ralando mandioca. Lembrei o Rosa: "Quem mói no asp'ro não fantaseia", tentando avisar, quem sabe, que no sertão o instinto pode mais que a imaginação. Morena brejeira, olhos negros astutos, usava maria-chiquinha — faz a mulher menina; e a menina, moça. Se batom faz os lábios sensuais, sem batom tinha a sensualidade à boca. Indagou se eu era o médico e como estava o marido. Conversamos. Deixei o tempo instalar a confiança, e soltei a pergunta-bomba. O sorriso melífluo criou duas feições num mesmo rosto: a ingênua genuína ou o véu de ingenuidade sobre a genuína cínica? — eterna ambiguidade de quem nasceu fêmea e morrerá esfinge. Ela confirmou o amor e o arrependimento, e explicou: "Não teve maldade. Foi com um amigo de pequeninha. Ali, em cima do saco de farinha. E, sabe?... Eu nem gostei."

Quando ele me procurou, arfando expectativas, disse-lhe: "A vida é sua." Ele me olhou arrasado, e concluí: "Ela prefere você." Seus olhos se iluminaram e, pela primeira vez, sorriu. Quem mói no asp'ro não fantaseia, mas deseja. Mais que sertão real ou sertão metafísico, dentro da gente há seres que amam.

O apóstrofo

As sandices perpetradas por estudantes em exames de avaliação da educação, vestibulares e até em provas mensais viraram circo de piadas, um bizarro desfile de disparates. Jornais, revistas, TVs e internet expõem as bisonhas respostas que nos divertem e os escarnecem. Embora os poupem da execração pessoal preservando o anonimato, revelam, mais que o humor negro da ignorância massificada, o embuste de um ensino que maquia a deficiência com facilitação de progressão e estatísticas vistosas. Rir alivia o temor da incerteza sobre o futuro dessa moçada.

Caíram na minha máquina uma questão do vestibular e a resposta do aspirante a alçar-se à elite do país por meio de um curso de nível superior. Pergunta a prova: "Qual é a função do apóstrofo?" Corro a lembrar que apóstrofo é aquela vírgula assanhada que, humilhada de ficar por baixo indicando as pausas, saltou para o alto do sinal gráfico, incumbindo-se de indicar supressão de letras e sons, como em d'água ou d'África. Num golpe ascendeu a representante das letras ausentes!

À pergunta "Qual é a função do apóstrofo?", o infeliz sapecou: "Apóstrofos são os amigos de Jesus, que se juntaram naquela jantinha que Michelangelo fotografou." Mal transcrevo a sandice, voltam as gargalhadas da primeira leitura.

Apesar da graça involuntária e do riso irreprimível, a resposta-bomba explode todo o acúmulo da cultura ocidental com apenas 14 singelas palavras, do mundo de apreensão imediata ao alcance da mão dele. A confusão apóstrofo-apóstolo é de alguém que não sabe o que é apóstrofo, mas pode saber que apóstolos são os discípulos — e amigos, claro! — de Jesus, que pregaram a palavra de Deus. Ouviu isso em casa, na igreja, no vizinho, talvez antes de entrar na escola. Ou deve ter ouvido falar que Anchieta — cidade, bairro, colégio, farmácia — seria o apóstolo do Brasil. Até pensou num Jesus brasileiro, mas esqueceu: tão distante da sua vida!

Jantinha é refeição noturna na sua casa. De ceia, sabe da comilança e bebedeira, seguida da troca de presentes, que, quando tem, é no Natal — no anúncio da TV, no vizinho, talvez em casa. Mas a fartura de comida, o porre geral e a troca de presentes não lhe soam apropriados ao estoicismo de Jesus. Como a Santa Ceia deve ter-lhe chegado na ilustração da revista, reportando que ali começara a traição, a própria ceia não lhe soa santa. Tivesse lido Machado de Assis, saberia da ceia das 21 horas, após jantar das 18h30. Mas de machado sabe que racha lenha e, nesse caso, foi fabricado em Assis, interior de São Paulo. Na sua cultura, feita apenas da sua vida e o entorno próximo, não há ceia; há jantar, janta e jantinha.

Ligar Michelangelo à Santa Ceia seria uma façanha intelectual, se a obra não fosse do seu arquirrival, Leonardo da

Vinci. A foto da revista levou a crer que o pintor a fotografara. Para que saber que a fotografia surgiu séculos depois do pintor? Não quer saber do que não seja do mundo dele nem sirva ao desejo dele.

Houve tempo em que a ignorância humilhava — felizmente passou. Depois rolou a indiferença; agora, diverte. Não sei se a criatura foi aprovada. Um dia ela será do sonhado nível superior. Grassa uma atitude que tenta se impor como cultura: individualista e autorreferente, não liga fatos nem constrói nexos, despegada do saber acumulado, alheia aos valores de convivência social, sem utopias, surda ao passado, sem perspectiva coletiva de futuro, apegada à posse imediata, ao sucesso sem esforço, à vida sem dor, prazer efêmero, afeto descartável, seguro de que sua esperteza ludibria a todos, indiferente a estar enganando a si próprio.

Sobre ceia e Santa Ceia, machado e Machado, Michelangelo e Da Vinci, fotografia e pintura, só poderia aprender na escola. Lá ensinam o que é apóstrofo. E caiu apóstrofo no vestibular.

A felicidade bate à sua porta

Forte, musculoso, com saúde e disposição para oito horas diárias sob sol e chuva, poeira, pó de pedra, a 50 graus e barulho, dirigindo um rolo compressor com dois pesados cilindros de ferro no lugar das rodas, que esmagam asfalto quente sobre brita, no método criado pelo inglês John MacAdam. Daí ser conhecido por Genival Macadame. Ou Macadame, para chegados, que atribuía à máquina, não à técnica de pavimentar.

O chapéu enterrado na cabeça protege a careca precoce, alivia a timidez e oculta o rosto, do qual se envergonha. Se acha tão feio que prefere não ser visto. Sempre se afasta, esquiva-se, esconde-se, mantém-se distante. Raro se ouve sua voz. Silencioso, o vocabulário encolheu ao mínimo indispensável à convivência, por sua vez à beira da solidão absoluta.

Vive com a mãe na casinha que construiu na periferia. Idosa e debilitada, ela mal dá conta das tarefas domésticas. À noite, assistem à novela em silêncio e vão dormir. No fim de semana, após a missa, ela faz o almoço, ele varre o quintal, cuida da horta etc. Ele toma cerveja na refeição e os dois voltam à TV até o sono chegar.

Macadame tem um único sonho: casar-se com a vizinha Deolinda, única paixão da sua vida. Apenas sonha: nunca se declarou, jamais trocou palavra com ela, sequer chegou perto. Além da vergonha pela aparência e da timidez que paralisa, a mãe odeia Deolinda, desde que o pegou olhando-a pela fresta da janela. Ódio calado, enciumado, ressentido, de olhar duro, rompantes e atitudes de soberba.

Deolinda não sabe da paixão do filho nem do ódio da mãe. Faxineira diarista, sai e volta para casa no escuro. Vez ou outra, quando a sorte abençoa, Macadame sente os estremecimentos de vê-la no ponto do ônibus e pelo resto do dia, na vertigem da paixão secreta, abisma-se em suas carências, esvaindo-se em suor, ao volante da máquina, que vai e vem no mormaço, num tédio mortal — não para ele, orgulhoso de conduzi-la e pairar acima dos peões pedestres. No trabalho, a vida retribui o esforço. No resto é silêncio. Desinibidos não sabem onde dói, nem o quanto dói a dor dos tímidos. A angústia de não se expandir coagula em inveja, depois vira mágoa do mundo e, por fim, resigna-se à silenciosa quietude.

Hora do rush, na fila do ônibus para casa, Macadame procura de onde vem a desbotada e monótona musiquinha e vê o realejo, o idoso que gira a manivela, o periquito na gaiola e a gaveta com o destino dos crédulos. É a revelação, a sorte grande, o fim da angústia sem palavras e desejos sem respostas. Enfim vai saber se a vida dará a chance de ser amado e o que fazer para se casar com Deolinda! A esperança irrompe com um ímpeto que sacode o corpo e estremece a vida.

Paga os dois reais, e o idoso manda que concentre o pensamento no que mais sonha. Macadame fecha os olhos e reúne forças na concentração, enquanto a porta da gaiola é aberta e o periquito tira com o bico o papel salvador. Ele sente a boca seca e o ar escasso. Com mão trêmula pega o oráculo no bico da ave. Afasta-se, com a sorte na mão fechada. À luz da vitrine, desdobra e lê bem junto aos olhos: "A felicidade bate à sua porta. Saiba entender os sinais. Às vezes, ela não volta."

Sábado à tarde, batem palmas no portão. Macadame vai atender. É Deolinda, de caneca na mão, pedindo emprestada uma xícara de açúcar. Coração aos pulos, rosto furta-cor e lábios trêmulos, ele pega a caneca e, sem dizer uma palavra — enquanto ela, falando pelos cotovelos, se desculpa, explica, justifica, agradece, jura que vai pagar —, entra tonto em casa, certo de que a felicidade está à porta.

Na cozinha, a mãe, atracada à lata de açúcar, jura, aos gritos, que só morta deixará que ajude a sirigaita. Firme, mas sem excesso, ele toma a lata, enche a caneca e deixa-lhe na mão um copo de água com açúcar. No portão, surpresa: Deolinda sumiu. Terá ouvido? Ele não hesita, sai para a rua de caneca na mão.

Só volta no domingo à noite, sereno e relaxado. Não chega a falar, mas assovia a desbotada e monótona musiquinha do realejo. Meses depois, se casam, com a bênção da mãe e eu de padrinho. Macadame levou a mulher indispensável à minha vida de incapaz e impaciente para as lides domésticas: minha faxineira.

Sem parar de cantar

O senhor eu sei que não reclama dos meus passarinhos e até aprecia o canto deles. Já vi o senhor de manhã, na volta da caminhada, ficar um tempão olhando pra gaiola pendurada na árvore, ouvindo o meu curió. O senhor, que tem tanto livro, sabe o que é bonito, gosta do que toca o coração. Mas tem morador que reclama que o canto dos passarinhos acorda ele, que não dorme mais, e começa o dia nervoso. O senhor acha que é possível canto de passarinho dar nos nervos?

E os dois cachorros do prédio? Aquele pretão, calado e quieto, vive pronto pra avançar; ninguém tem coragem de entrar no elevador com ele. E o pequeno, peludo e branquinho, late o dia inteiro. Mas de cachorro, ninguém reclama!

Tanta coisa pra botar a gente nervoso nesse prédio, nessa cidade, nessa vida, e vem culpar meus passarinhos! E, o senhor sabe, as gaiolas ficam na garagem; só de manhã é que penduro nas árvores aí em frente. O senhor acredita que dali um curió pode acordar o prédio inteiro? As aceleradas que dão na garagem, tarde da noite até, que botam os passarinhos espavoridos, não acordam ninguém! Quem tem o quarto na garagem e tem que aguentar sou eu! E os passarinhos, coitados.

Já chegou no ouvido do síndico. Ele avisou que na volta quer ter uma conversa comigo. Vai dizer que reclamaram dos passarinhos. O quê que eu posso fazer? Calar os bichinhos, não posso! Vai querer que me livre deles — também não posso.

Sou do interior, o senhor sabe, que nem os porteiros de tudo que é prédio por aí. Lá a gente aprende as coisas com os bichos. Aprendi tanta coisa com passarinho! O senhor já viu passarinho fazer ninho? Ele bica um gravetinho aqui, um garrancho acolá, vai longe atrás de uma palha, de um capim, voa horas por uma flor-de-algodão. Quando fica pronto, arrumadinho, bate a ventania, cai o temporal, vem um bicho qualquer, ou aparece algum menino e acaba com tudo. Acha que passarinho chora, reclama da vida? Passarinho, não. Passarinho começa tudo de novo. E sem parar de cantar! Lá vem ele com o graveto, o capim, a folha seca, o ramo...

O senhor já viu ninho com ovinhos? Três, cinco, meia dúzia, desse tamanhinho! Quando filhotinho tá pra nascer, é de chorar: vem o vento, a chuva, o bicho ou o menino e acaba com tudo! Passarinho xinga e quer matar? Passarinho, não. Passarinho começa tudo de novo. E sem parar de cantar! Lá vem o garranchinho, a palha, a flor-de-algodão...

O senhor tá entendendo aonde eu quero chegar? A vida tem sua atrapalhação, tem homem de mais e passarinho de menos, o senhor não concorda? Homem reclama, chora, desanima, desiste e tudo o mais. Passarinho, não. Passarinho não desiste. Nem para de cantar.

Se não posso calar passarinho, nem vou dar pros outros, nem vender, nem trocar, nem soltar, é capaz que o síndico me mande embora. O que que eu posso fazer! O senhor sabe, se tiver que ser, vai ser. Vou chorar e pedir pra ficar? Eu não! Vou embora, e levo meus passarinhos e minhas gaiolas, que é quase tudo que tenho. No caminho não sei pra onde, vou juntando esperança, que nem passarinho junta graveto, e faço meu ninho com as folhas verdes da esperança. E sem parar de cantar, que nem tô cantando aqui pro senhor.

À beira da estrada

Sábado, por volta do meio-dia, dirigindo seu carrão importado, ele sobe para a casa de campo em Teresópolis, onde a esposa e três crianças o aguardam desde a véspera — uma reunião urgente se prolongara, e, sob protestos, a família subiu sem ele. Depois de uma pesada semana de trabalho, ele dormiu um sono reparador e acordou sem despertador, sem mulher nem crianças, num dia iluminado, de céu azul e brisa leve. Pôs bermuda, camiseta, boné e tênis. Tomou calmo e silencioso café até o telefone tocar. Era a mulher: "Meio-dia e ainda tá aí? Traz o xarope da Cris; só eu pra pensar em tudo, esqueci." Na garagem, jogou jornal e bolsa no banco de trás. Na rua, o sol irrompeu no escuro dos vidros do carro e das lentes. Logo fazia trio com Frank Sinatra e Tom Jobim, no som do carro.

A 20 quilômetros de Teresópolis, à margem da estrada, uma lourinha de short-top-tênis-boné faz sua solitária corrida. Curioso, ele tira o pé do acelerador e avalia as cercanias. No vasto descampado, sem vivalma, casa à vista ou anúncio de algo próximo, sem sequer um pássaro voando, a gatinha, em serena marcha lenta, exibe exuberante corpo juvenil.

Oculto no carrão, atrás de vidros negros e óculos escuros, ele se sente livre. Baixa a velocidade, baixa o vidro, baixa os óculos e, sorrindo, acena à solitária atleta. Maior surpresa que o bizarro encontro na estrada deserta é ela sorrir em retribuição, mesmo mantendo a marcha. Ele sente inocência e pureza iluminando o sorriso. Animado, faz a pergunta que lhe soa oportuna como nunca: "Quer uma carona?" Ela estaca. Olha curiosa para o carro. Aperta os olhos tentando vê-lo pela janela aberta. Aproxima-se, tentando identificá-lo. Ele insiste: "É só uma carona. Você está suada."

Dez minutos rodando juntos e a conversa, que fluiu fácil quando ela entrou no carro, segue como soluços entre silêncios. Ele dirige enfeitiçado pela ninfeta de rostinho angelical, ternos olhos cor do céu, cabelos de ouro escapando do boné, corpinho firme, de proporções perfeitas, num bronze suave. Embora silenciosa, parece tranquila e olha com interesse detalhes eletrônicos do painel. Nele, sangue acelerado como gasolina na bomba, o coração bate tão forte que ecoa no oco do crânio. O desejo o arrebata, mas o medo o paralisa. Na cabeça giram imagens da esposa, das crianças, do presidente da corporação, a própria imagem de alto executivo, manchetes de jornal, o delegado fazendo perguntas, ele cobrindo o rosto com o paletó, a esposa fazendo perguntas, o xarope da Cris, as crianças fazendo perguntas, seu pai fazendo perguntas. Com o canto do olho, ele aprecia a ninfeta — ela sorri com infantil malícia. O desejo lhe dá coragem: reduz a velocidade para ganhar tempo, respira fundo, esvazia a cabeça, avalia que oportunidade como esta não se repete. Decide retomar o papo. Pensa um assunto — não acha a frase que vá direto à questão. Pensa num gesto íntimo: ajeitar-lhe o cabelo que escapa do boné — mas não consegue estender o braço. Seguem num silêncio aflitivo.

"Sentei aqui suada, vou sujar seu carro" — assim ela rompe o silêncio Ele faz gesto de "deixa pra lá" e, enfim, cria coragem e vai falar, mas ela se antecipa, indicando: "Ali tem uma hidromassagem '*manera*'", ao passarem diante do motel. No embalo, ele ataca: "Quer tomar banho de hidromassagem?"

Estirado na cama, ele assiste-a se despir. Algo se revolve dentro dele, quase desiste: o corpo é quase de criança. Nua e insinuante, ela se achega. Ele tenta abraçá-la, mas num repelão ela recua e, transfigurada, exige: "Passa a carteira, o Rolex, o celular e a chave do carro." Assustado, ele não acredita no que ouve. Ela ataca: "Sou menor de idade. Se eu começar a gritar, você tá ferrado, cara. Abuso de menor e pedofilia dão cadeia! Passa tudo pra cá." De pé, apavorado, ele tenta negociar: "OK, OK. Te dou uma grana e a gente acaba com isso." Ela grita: "Sem essa, mané! Passa carteira, Rolex, celular e a chave do carro. Agora! Senão, grito socorro!" Ele corre até a porta e abre: dois rapazes, um de arma engatilhada, o encaram do hall.

São 3 da tarde na estrada Rio-Teresópolis. De bermuda, camiseta, tênis e boné, ele faz sua marcha solitária à margem da estrada, voltando-se, com o polegar erguido, a cada carro que passa. Ninguém para.

O crachá

Vive junto ao peito, mas não é o mais querido. Há de metais, de pano, de madeira, mas a maioria é de plástico colorido. Há também na versão pendurada no pescoço. Tornou-se de uso obrigatório para funcionários de grandes empresas, militares, aeromoças, jornalistas... enfim, poucos escapam. Há os que têm a foto da própria figura que os porta. Gosto de ler crachás. E me divirto. Não perco um no meu entorno. Avanço na direção de desconhecidos de pura curiosidade. Lá estão nome e, abaixo, o cargo ou a função, que, aliás, raramente sei o que significa: Porromeu de Campos, Assessor Adjunto. Orquideia Açafrão, Suporte. Pacífico Bélico, Tratador de Animais. Dr. Flambado Bustamante, Urologia.

Um amigo me disse — cronista néscio carece de especialistas que interpretem as metáforas do mundo real — que a praga do crachá alastrou-se durante o regime militar. Na febre da segurança nacional, todos os cidadãos eram suspeitos e todos os lugares, de risco. Segurança virou obsessão. Como hoje nos Estados Unidos. E tome crachá no peito do brasileiro! — não deixa de ser versão explícita do emblema do quepe ou das divisas do ombro e do braço.

Não sei por que sempre associei a palavra crachá a escrachado. Mas não têm nada a ver, não é mesmo? Ou melhor, têm. Ou, melhor ainda, decida você. Alguns linguistas entendem que crachá veio do francês, do verbo *cracher*, expelir pela boca. No século XIII significava cusparada, e no XVIII passou a significar condecoração. Ou seja, condecoração já foi cusparada. É a etimologia, amigo, ciência! E longe daqui, na França! Para essa corrente, crachá significa distintivo ou medalha, preso ao peito como condecoração. Puristas criticam o galicismo e sugerem usar insígnia, comenda ou emblema. Se a amiga é uma *encrachada*, usa crachá, sintase, pois, encomendada. Crachá teria surgido no português em 1965, com o sentido de cartão de identificação — um ano depois do golpe militar, não é curioso? Outra corrente afirma que veio do inglês, *to scratch*, arranhar, no sentido do que fazem gatos, gatas, águias e, eventualmente, mulheres sob ataque de nervos.

Escrachar também tem origem controvertida. Foi dicionarizada como linguagem informal, com o sentido de fichar alguém na polícia após fotografá-lo e também de desmoralizar alguém revelando seus desígnios ocultos, ou desmascarar. Teria surgido no português em 1958, em Mato Grosso do Sul. Creia, da mata mais espessa e silenciosa brotam palavras! Significa também esculachar, esculhambar. Confirmado que escracho também é cultura, voltemos à morte da bezerra.

Intuo que a intenção, oculta à época, de disseminar o uso do crachá tenha sido escancarar o "Sabe com quem está falando?", que não esconde a necessidade de ostentar poder. De crachá no peito, a autoridade não precisa mais fazer a folclórica pergunta. Antes mesmo de falar, o famigerado interlocutor já leu a quem vai ouvir. Às claras, manda quem pode, obedece quem tem juízo. Crachá não é moeda, mas pode ter duas faces. Se o poder do chefe grita no crachá dele, é do seu próprio crachá que se envergonha o subalterno: desobrigado de dizer o próprio nome, resigna-se à indiferença de quem lhe avaliou a função singela. Para o baixo clero, o crachá é como a marca ferrada que humilha o boi. Mas é também o crachá que desmascara o roto que transfere ressentimento ao esfarrapado.

Na empresa, com o crachá em todos os peitos, fica mais leve a obrigação do uso. Os que se orgulham do cargo, sobretudo recém-promovidos, dão-lhe um polimento, afastam gravatas, escolhem cores que o destaquem. Mal finda o expediente, os vaidosos e autoconfiantes somem com o crachá em fundo de bolsas, pastas e porta-luvas. Ninguém quer pagar mico. Mas os que se orgulham do emprego, que vestem a camisa da empresa, tanto se ufanam que precisam ganhar ruas. Os ousados desfilam, o crachá no peito enfunado, como quem ostenta condecoração. Os discretos passeiam, como quem usa uma joia. Ainda que finjam descuido e esquecimento, confiam no poder de sedução do crachá. Consta que, colocado estrategicamente ao peito, o crachá de algumas empresas é poderoso afrodisíaco. Como disse Pasolini, quem não quer nada quer o poder.

Mas, enfim, as empresas estão satisfeitas e os funcionários, contentes. Mal está o cronista, que insiste em não distinguir os homens por divisas, medalhas ou crachás. Talvez por isso leia crachás tentando talvez desvelar a quem escondem. Embora reste desapontado de ver, em peitos de homens e mulheres, em vez de um coração que bate, um crachá que ofusca.

Pedala, Damião

Acabara de desembarcar em Congonhas do Campo e, ainda na recepção do hotel, fui tomado pela surpresa. Primeiro foi o som. Distingui algo como uma voz, que parecia vir de um alto-falante. Chegava tão roufenha e abafada que nem parecia humana. Preenchi a ficha de hóspede de ouvido atento à rua. Havia voz, mas não se entendia o que dizia. Retornei à rua açoitado pela curiosidade. Deparei-me com a bizarra figura — e não era de profeta.

Parte da cabeça coberta por um quase capacete, ao qual se ligavam dois enormes fones, um sobre cada orelha, e, descendo pelo lado do rosto, sustentava o microfone diante da boca. Era da bizarra figura a voz que chegava envolta em zumbidos. Falava e ao mesmo tempo pedalava uma surrada bicicleta — no bagageiro, o alto-falante. Ao se aproximar, vi que lia papéis presos a um suporte no guidom — dos quais obtive cópia depois — e entreouvi o que dizia:

"A mecânica do Fabim conserta seu carro com honestidade e rapidez. O menor preço da cidade venha conferir Av. JK 2573 na reta próximo a igreja evangélica." Mal respirava, emendava no seguinte: "Não percam nesta sexta-feira no

Central Bailão Sertanejo Trio Conequição e sábado sensacional Forró com Pedro e Grupo Luar, o melhor da cidade." Em mensagem oral, a escrita não é fim, e sim meio de acudir a memória. Falha ortográfica pesa menos se quem lê também escreveu — copio *ipsis litteris* para situá-lo, certo de que as derrapadas na escrita valorizam o êxito final: exceto costumes (há quem diga vícios) regionais, erra menos na fala que no texto; faz pausas de ponto e vírgula: "Na relogoaria Borba você compra aliança de prata e ouro com garantia eterna consertos, baterias, relogios, puceiras, menor preço Relogoaria Borba cinquenta anos de tradição." E seguia: "Quer domar os seus cabelos use as armas certas, vá no lugar certo! O salão Topp Beauif tem o que há de novo para deixá-la ainda mais linda. Hidratação cauterização capilar: mais avançada tenologia em reestruturação capilar profunda com resultados imediatos a sensação do momento: a chapinha a leizer venha conferir seus cabelos vão agradecer."

A ruidosa traquitana passou por mim. Empenhado em pedalar, ler e anunciar, o ofegante ciclista entrecortava a fala, fungava e bufava. O alto-falante voltado para trás dava mais nitidez ao som: "Chegou um novo restaurante e lanchonete, a Lanches Vitória ao lado da ponte na praia. Servimos marmitex, selve service, hamburguer salgados entrega marmitex a domicílio." E vira a página: "Venha prestigiar o forró-pagode no bar do seu Geraldo Sobre nova direção nos cardápios porção de batata frita e beicom, bife a palito muitos outros." Acena a alguém, e toda a rua ouve: "Boa-tarde, Durval." E me ocorre o medo do nativo mexicano, que viu o centauro no invasor a cavalo — se visse uma tralha que fala, toca e desliza sobre rodas, fugiria apavorado. Ele prossegue: "Festa do Batata dia 11 de outubro Araketo dia 12 Bruno e Marone dia 13 Detonauta dia 14 Cesar Menote e Fabiano dia 15 Fala Manca. Passaporte a 30 reais na Dutras Eletro com a Fabricia e na Max Vídeo." E lá vai o comunicador que é meio de comunicação, publicitário que é anúncio, locutor que é rádio, que soube "ler" as nuances do mundo e entende o texto que lê — talvez lhe falte a leitura, de livro ou jornal, para decorar as grafias. Inteligente e criativo, em vez de esperar por um emprego, inventou a profissão.

Damião sem Cosme, não sente falta do irmão. Cerca de 35 anos, magro, gestos raros, olhos miúdos, voz mansa, tímido. No início, anunciava o próprio negócio: anima festas — leva o som, CDs e faz-se DJ. Cobra de 30 a 150 *"real"*, conforme o freguês. Até que os anúncios vieram: foi tal o sucesso que ouviu ameaças dos carros de propaganda. Faz também "aniversário": para diante da casa da aniversariante, põe um som animado, liga a "giroflex" — lâmpada giratória amarela — até juntar gente. Quando a homenageada surge, põe o "Parabéns pra você". E conclui: "Quinze *real* é bom, né?" Fatura por mês — "Trezentos *real* é bom, né?" — para ele, a esposa e dois filhos. Pergunto se faria anúncio de cachaça: "Não, alcoolismo mata." De cerveja, faria, porque gosta. De enterro faria. "Qual a condição para vir a fazer uma campanha eleitoral?" Pisca os olhos em silêncio. Não insisto: afinal é um homem de negócio, a resposta restringiria seu mercado. Não se queixa de nada, a não ser do imposto municipal. Retribuo a acolhida do prefeito, avivando-lhe a memória: cuidado, sua gente entende de derrama. E Damião, de agitar as massas. Pedala, Damião!

Seria cômico, não fosse sério

Éramos estudantes, entre 17 e 18 anos, tomados pela turbulência da luta contra a ditadura militar. Naquela primeira década, apesar de tudo, havia o consolo de um futuro profissional menos incerto: havia emprego para quantos se formassem. A precoce definição profissional era um privilégio, porém o serviço militar obrigatório era um fantasma que atormentava desde os 15 anos. Era preciso escapar dele.

Afora a brusca guinada para se dedicar a um extemporâneo treinamento militar — um ano parado em menos de 18 vividos —, havia uma questão circunstancial: na época, servir o Exército, mesmo não sendo líder estudantil, era um risco. De um lado, a implacável vigilância dos superiores, na obcecada caça a subversivos. De outro, a desconfiança dos colegas com um milico, sempre um possível informante. Eis que, então, ser estudante e prestar o serviço militar era ser duplamente suspeito. O ainda quase adolescente era presunto num sanduíche prensado na chapa quente.

Na fase de afirmação pessoal, tudo à volta é movediço e o mundo espreita. O que o adulto desdenha pode ser crucial. A ideia de cortar o cabelo, à reco, como os recrutas, provocava calafrios. Tosar madeixas — à Lennon — que desciam até ombros e cinturas? Pois se dizia que a delícia dos quartéis era atear fogo na cabelama amontoada. Paramentar de soldado quem usava jeans desbotadas e camisetas *make love, not war*? Coturnos no meio da canela, para quem calçava mocassim, sandália ou tamanco? Querer atitude bélica de quem desancava os americanos no Vietnã e aplaudia a deserção dos estudantes na Universidade de Columbia? Disciplina de caserna imposta a quem apoiava a rebelião do "É proibido proibir" na França? Ordem unida para exímios em debandar na fuga de cassetetes das passeatas?

Estávamos angustiados no dia da apresentação. O enxame de garotos nas vizinhanças do quartel era um alento. Quanto mais fossem, maior a chance de sairmos pelo ladrão — pelo excesso de contingente, como diziam. Nosso grupo — amigos, vizinhos e colegas da mesma idade —, pálido e trêmulo, somava esperanças com as orações dos pais. Parecia que o país estava em guerra e fôramos convocados para embarque imediato.

Um oficial disse na preleção que quartel é lugar de homem, não de covardes, que servir à pátria é um dever, e uma honra morrer por ela. Convincente, infundiu inesperada nobreza em ser militar. E nos perturbou. Não queríamos servir, mas não nos sentíamos covardes nem desonrados. Por índole, educação e outras urgências e, sobretudo, pela repulsa à atitude dos militares de usar a força para derrubar governo e se instalar no poder, não queríamos ombrear com eles, não queríamos servir no Exército "deles". Mas amávamos o Brasil, éramos patriotas. À fala do oficial seguiu-se o Hino Nacional — diabo de hino, que emociona até os avessos a patriotadas! —, e a nossa confusão cresceu. Como era possível que aqueles patriotas torturassem compatriotas? E, todavia...

Eis no salão uns cinquenta garotos atônitos — brancos, pobres, amarelos, altos, ricos, pretos, gordos, atléticos, magros — em desengonçada fila lado a lado. Para inibir nossa juventude, todos nus. Sem sapato, meia, óculos, chapéu. A voz do sargento — alto, forte, paramentado — reverberava ordens pelo galpão: "Você, aí", ordenou a um infeliz apoiado numa muleta. "Pode sair da fila e se vestir." O garoto saiu aos pulos. Bastou isso e um paliteiro de mãos se ergueu: "Eu tenho pé chato, sargento", "Eu também", "Olha o meu nariz torto". Sob a chuva de pedidos, apontou para o coxo: "Vista-se." Eis, diante de nós, quem podia acabar com o pesadelo. Cercamos o homem, que reagia com irônica tolerância: "Unha encravada... sei" e "Vesgo?... o médico vai olhar". Ouviu-nos, enfim, e nos enviou à fila do CPOR (cursávamos acima do segundo colegial) — um adiamento, não a liberação. De lá, assistimos ao sargento ver um míope sem óculos, tateando no vazio: "Quantos graus?" "Treze." "Pode se vestir." E adiante: "Arrimo de família?... Vai ter que provar." Vê um magricela: "Doente?" "Não, senhor." "Mostra os dentes." O garoto ri, desdentado. "Pode ir", ordena o sargento. O garoto não se abala. "Mandei ir." "Quero não, sargento." O militar insiste, o garoto também: "Eu quero servir, sargento." "Não tem condições!" "Me ajuda, sargento." "Pra quê quer servir?" "Pra estudar, arrumar a vida e, se Deus quiser, ser sargento." Tocado, o militar reage: "Como, meu filho, sem nem um dente na boca?" O garoto desafia: "Você quer soldado é pra morder?"

A ousadia propiciou-lhe chegar ao médico. Terá sido acolhido, treinado e armado para, mais tarde, fustigar os nossos protestos? Ou foi dispensado e se frustrou? Na memória resta um garoto como nós, a desdita escapando no sorriso, sonhando com o que evitávamos, e uma pergunta no ar.

Nem tudo está perdido

Em conversa vadia, Darcy Ribeiro contava histórias de sua convivência com os índios, não me lembro se cadiuéus, terenas ou caingangues — uma das tribos do Xingu, onde viveu. Falastrão incorrigível, quando tomava a palavra ninguém mais falava, o que criava certo mal-estar. Assim como, entre colegas antropólogos, havia reservas ao empirismo de suas conclusões, carentes de metodologia científica. Aos meus olhos, porém, era um *causer* virtuoso, que contava bem as belas histórias que sabia. Como histórias me interessam pelo seu poder de encantamento, eu me deliciava em ouvi-las, qualquer que fosse a interpretação — até as do próprio Darcy. Uma dessas histórias ganhou surpreendente desfecho.

Na tribo, ele observa o índio pai brincando com o filho indiozinho. O pai trabalha o barro com paciência e minúcia indígenas e conforma o vasilhame, espécie de bule, com bico, tampa, asa e adornos. Põe junto ao indiozinho, que, com uma paulada, destrói todo o trabalho e se diverte — com a aprovação afetuosa do pai, que, serenamente, inicia nova peça. O mesmo capricho e a mesma dedicação para o bico, a asa, a tampa e os adornos. Outra vez entrega ao indiozinho, que, novamente, a destrói a pauladas. E assim inúmeras vezes.

Querendo ajudá-lo na brincadeira, Darcy se aproxima e sugere: "Já que ele vai mesmo destruir, por que não simplifica, tira os adornos, o bico e a alça? Fica mais rápido." O índio estranha a sugestão: "Não estou com pressa. Brinco com meu filho, coisa mais bonita que fiz na vida, e que vai ficar quando eu for. Ele quer brincar com a vasilha inteira — com bico, tampa, asa e tudo." Sua atitude ao brincar com o filho refluía memória, cultura e religiosidade. Por isso índio não ensina, índio educa. Verbos no passado refletem a contaminação do branco.

Entre nós, civilizados urbanos, os jogos educativos foram entregues, por pais e professoras, à raquítica imaginação da televisão, à cópia de trabalhos da internet, à emoção competitiva fundada não em viver, mas em vencer, vencer e vencer individualmente! — como se não fôssemos destinados ao outro e condenados à derrota final pela morte. E, para alcançar a sacrossanta e ilusória vitória, vale tudo: enganar, ludibriar, trapacear. Entre adolescentes americanos, educados para a onipotência, qualquer vestígio de derrota equivale à morte — levando os *losers* a fuzilarem colegas para não partirem sozinhos rumo ao suicídio. Pense grande: para cada vencedor, quantos são os perdedores? E o vencedor, não precisa do outro ao menos para aplaudi-lo?

Em palestra para professores e estudantes em São Paulo, narrei o episódio do índio pai educando o filho e ressaltei a perdida magia da transmissão do saber. Hoje, entregue à sabença de educadores, os jovens são formados mais para serem produtivos do que humanos — vai ver, sabem o que ignoramos: por que e para quê viemos ao mundo!

Ao final, fui procurado por um jovem que queria contar uma história que ouvira, parecida com a que narrei. Na versão dele, o índio pai faz para o filho jarros completos e acabados, que a criança também destrói com uma pedra. E tudo se repete: novo jarro, nova destruição, inúmeras vezes. Até que a criança, por vontade própria, em vez de destruir, imita o pai e, com as próprias mãos, conforma o jarro com asas, tampas e adornos. Com o mesmo barro e a mesma técnica, faz novo jarro, mais sólido, mais útil, mais bonito que o do pai.

Ele entendera o que Darcy queria dizer, o que culturas antigas vêm dizendo: que a aprendizagem, sem deixar de ser dor e prazer, nem inibir o modelo individual de felicidade, é pedra de toque na evolução da espécie humana. Nem tudo está perdido.

Poder invisível

Num grupo que se tornara amigo já adulto, recordávamos brincadeiras de infância — típica conversa de depois da praia, quando a cabeça se rende ao império do corpo e o álcool se incumbe de destravar o verbo. É comovente ver renascer em cada adulto o olhar brilhante e o riso frouxo da criança que ali dorme — ou, esquecida e silenciada, agoniza. Sinto saudade, mas não sou nostálgico. Não vivo no passado, o passado é que está em mim.

O fascinante na infância é que a imaginação consegue ser mais poderosa que a realidade. Na fase em que a fantasia ainda não se deixou domar pela lógica da razão prática, quando a realidade ainda não asfixiou a criatividade nem reprimiu a poesia, a fantasia voa livre e solta nas asas da inocência e da ingenuidade. A tristeza de tornar-se adulto não é, digamos, ter que ganhar o pão com o próprio suor e as exigências daí decorrentes; a tristeza é ver o crescimento aprisionar a imaginação. E, a partir daí, tudo se amesquinhar: afinal, não vemos as coisas como são, mas como somos.

É puro encantamento a criança que cobre os olhos com a mão e crê que está oculta, que não é mais vista por ninguém.

Sua deliciosa lógica é irrepreensível: se não vejo, também não sou vista. Digna do idealismo do Bispo de Berkeley: o mundo não existe em si, existe naquilo que apreendo dele. Se não o vejo, ele não existe; e se não existe, não há ninguém para me ver.

Criança, cismei que colando minha testa à de outra pessoa saberia o que ela sonhou. Esperto, o meu poder: quem dormiria perto de mim para que colássemos nossas testas e eu pudesse apreender seu sonho? E quando, enfim, um primo foi surpreendido dormindo na varanda, fui desafiado. Atrevido, aceitei o desafio: colei minha testa à dele e fechei os olhos com a teatral gravidade do charlatão profissional. Ao acordar, instado a narrar o que eu sonhara, o primo não se lembrava. Inventei-lhe, então, um sonho — com bravatas e patuscadas, cuidando que fossem, como os sonhos, irracionais e incompreensíveis — e o contei com a segurança dos grandes mentirosos. Quatro dos presentes me ridicularizaram — talvez me tenha faltado convicção, ou talento de ator. Mas, para meu espanto, dois acreditaram.

Brincadeira que mais me divertiu — penso que ainda é comum entre crianças —, e que hoje me parece aflitivamente enigmática, era a de ficar invisível. Bastava me concentrar — longa concentração ritualística, em silêncio e sozinho no quarto, de preferência escuro — e, de repente, abrir os olhos... Ninguém mais poderia me ver! Sentia-me superior, imbatível, intangível e poderoso: bastava querer, e entraria em todas as casas e em todos os cômodos, saberia todos os segredos e intimidades do reino — sabe Deus que reino! Assim, invisível, ia até a sala, ou à cozinha, em passos lentos e altivos para desafiar, provocar os pobres visíveis. E usufruía o glorioso poder de ver tudo e todos sem que pudessem me ver. Nem me dava conta — ou dava, e nem sabia? — de que aquela invisibilidade era a minha própria insignificância: quem se importaria com um garoto esquisito, costeando em silêncio as paredes da casa?

O grave é que até hoje, quando vou a certos lugares, ainda me imagino invisível. Fico quieto, em silêncio, quase sem respirar, contando que ninguém me esteja vendo, enquanto me divirto de vê-los. Com tanta gente querendo aparecer e falando em visibilidade, ficou mais fácil ficar invisível.

Quem sabe a brincadeira não volta, e veremos renascer o olhar brilhante e o riso frouxo da criança que agoniza em muitos de nós!? Mas, por favor, entenda: não digo isso porque vivo no passado, e sim porque o passado vive em mim.

Cala a boca e me beija

Mal sentamos no bar e ela, do alto dos seus 16 anos, anuncia: "Acabei de ler Vinicius de Morais. Já sei tudo sobre o amor!" Não contenho a risada, embora empenhado em atender ao pedido do amigo para conversar com sua filha, que teria pendores literários. A irresistível presunção da pirralha, de saber tudo sobre o amor, me levou ao riso frouxo, que custei a estancar. Nunca conversáramos a sós, mas são rotineiras essas conversas com jovens que querem ser escritores.

Rosto lindo, pele rosada de pétala, irradia juventude pelos poros, no corpo longo, desengonçado, sensualidade inibida por camiseta-jeans-tênis; tira das costas a mochila mal-ajambrada, com gracioso movimento de ombros encolhidos. Olhos azuis de água-e-céu, atrás de óculos claros sobre arrebitado nariz, sugerem seriedade que não lhe furta o infantil encanto de boneca de louça — imagem que ela deve achar um insulto! Tenta se impor sendo seca e direta: "Por que o riso?"

Na sisudez postiça de quem esperneia para se afirmar, a menina-moça me olha duro, rosto corado feito pimentão.

Sinto que me censura, repreende ou quer que regrida à sua idade — mal reprimo a nova risada que ameaça. Embora divertida, não é ridícula; sua sinceridade é tão palpável quanto a insegurança. Surpreende que goste de ler-escrever nessa idade, porém não a imagino em casa meditando — sobre o amor, digamos — em vez de ir às baladas, nessa fase em que descobre a vida, os garotos e a si própria. A graça veio de achar que, lido Vinicius, aos 16, doutorou-se em amor — mistério intangível, indefinível e indizível, pelo qual, desde que existem, homens e mulheres sobem aos céus e descem aos infernos.

"Seu pai disse que quer conversar comigo porque gosta de ler e, quem sabe, se dedicar à literatura", inicio o papo. "Nada a ver meu pai dizer isso", reage. Vou em frente: "Citou o Vinicius. Acaso escreve poesia?" Olha-me com ar debochado: "Li, mas não escrevo nada." Calo-me e deixo que fale: "Queria ouvir você falar do seu trabalho." Digo trivialidades sobre escritores e escrita, que ela ouve com atenção e pergunta sobre a vida pessoal de autores: paixões, casamentos, felicidade, filhos, família, dinheiro. Intrigado, indago qual é afinal seu interesse.

O namorado, 18 anos, que ela "ama de paixão", leitor fervoroso, ensaia os primeiros versos e contos e, às vezes, prefere ficar lendo em casa a sair para a balada. Quando sai, fala de livros com os amigos e ela fica muda feito um bibelô. Para participar, compra os livros que ele lê, retira na biblioteca, leva uns dele. Porém, mal abre algum é atacada por sede, vontade de fazer xixi, de assistir à TV, tirar o esmalte, provar calça nova, passar creme, dá preguiça, sono, e acaba dormindo. Poesia, "por ter linhas fininhas", consegue ler, mas romance... E pergunta: "Qual a graça de ficar trancada imaginando a vida, enquanto ela corre solta nas ruas, nos bares, nas festas? Eu, escolher a solidão aos 16 anos?!" A vida virou um inferno. Rejeitada, sente que perde o seu amor para a literatura, rival invisível, silenciosa e sedutora. "Fosse um chato, cortava", ela diz, "mas é um gato, divertido, inteligente, espirituoso, carinhoso, me deixa de quatro!" Na última vez que saíram, ele falava tanto do livro que estava lendo, que ela não aguentou e exigiu, enérgica: "Cala a boca e me beija!" Ele a encarou, olhos arregalados, depois deu uma risada e... beijou-a sofregamente na boca. E sumiu. Desligou o celular e passou a evitá-la. Até que ela o pegou em casa, falou do seu amor e pediu explicações. E ele: "Você é autoritária, quer que eu te leve aonde gosta, mas não respeita o meu gosto. A gente tem pouco em comum, melhor terminar." Certa de que a culpa é da literatura, ela tem planos antropofágicos: devorar livros e deglutir escritores até se apropriar do encantamento da invisível rival.

    O pai, que viu pendor literário na filha, nada sabe do seu sonho. Tive que dizer que poesia é o belo, não a solução, e que não se lê um poeta como manual de autoajuda. Lembrei: para quem lê, a literatura é um mistério intangível e indizível, assim como a fé, o sonho, o nascimento, a morte e o amor. "Entendi", ela disse, "a leitura é aliada, não rival." E nada mais disse, nem nada mais ela me perguntou.

Arte para quê?

"A arte é indispensável, se ao menos soubéssemos para quê", disse Jean Cocteau, num fecundo paradoxo que impõe um silêncio desapontado aos que conhecem a emoção da fruição estética e não a sabem explicar, ou se recusam a explicar por meios inadequados ou insuficientes como é, às vezes, tratar com palavras experiências que escapam às palavras. Do prosaico prazer de cantar no banheiro à audição da mais elaborada dodecafonia de Schönberg, da apreciação lúdica do desenho infantil à emoção de um quadro de Kandinsky, do apaixonado poema de adolescente ao verso de Ezra Pound, a fruição, singela ou complexa, é, mais que singular e pessoal, intensamente subjetiva. É a subjetividade dessa percepção que a torna plural e dificulta, se não impede, dizer com objetividade e clareza para quê, afinal, serve a arte.

Só pelo mistério da magia pode-se intuir o impulso que levou o homem das cavernas a inventar tintas e pincéis para desenhar nas pedras de Altamira. Antes de iniciar uma obra, Michelangelo vagava pelas montanhas de Carrara certo de que ela dormia no mármore, à espera do entalhe. Ideia que

Picasso reciclou como blague: indagado como conseguia esculpir um cavalo num bloco de pedra, disse que bastava extrair o que não era cavalo. A visão reducionista da arte que, em vez de percebê-la como obra de criação, quer vê-la como reprodução da realidade teve didática resposta de Matisse. Por um dos seus quadros, foi questionado: "Não existe mulher de cabelo verde." E ele: "Mas isso não é uma mulher, é um quadro." A criação transita pelos insondáveis labirintos do imaginário, e as obras, sujeitas aos códigos simbólicos, se oferecem a qualquer percepção e interpretação. Preservando o seu mistério, transitam com desenvoltura pelos tempos. A máquina a vapor, do século XVIII, é hoje uma relíquia da história da tecnologia, sem novidades nem segredos; um romance de Dostoiévski do século XIX permanece com a inteireza da sua misteriosa emoção, que pode ser fruída e usufruída por qualquer jovem.

Ler um livro é um processo complexo. Uma palavra liga-se à anterior, numa linear acumulação que vai à frase, ao parágrafo e ao capítulo. O texto do autor é apenas um estímulo que aciona a imaginação, a experiência existencial e o conhecimento do leitor. A percepção será, afinal, a síntese das sugestões do escritor e as vivências do leitor, que é, sempre, coautor. A história lida inclui, necessariamente, sua contribuição. Livros que não agradaram na adolescência — por falta de vivência — são redescobertos na maturidade, quando a vida acumulou experiência e adensou a percepção. Ou o contrário: a história que eletrizou aos 20 anos fica banal aos 40. Se os livros não mudam a história, a vida muda a percepção — do que se lê ou vê. Sempre a subjetividade.

Avaliações estéticas não se formulam apenas pela razão. Originam-se no subconsciente com contribuições neurofisiológicas. Ao emergir, compõem-se com os consensos sócio-histórico-culturais, que não excluem o circunstancial e a moda — e nos induzem sempre ao conhecido. Em arte, reagimos, em princípio, contra o novo, o que nos leva para o reconhecido e arrasta a arte para a homogeneidade. A atribuição de valor permanente e a canonização de uma obra advêm de complexas interações alheias à obra em si: relações de poder, ideológicas, pedagógicas, políticas e comerciais. Porém, o tempo — agente oculto do processo — torna a valoração da obra passível de correções, revisões e reversões. Para o ajuste histórico, a discordância, por mais excêntrica, bizarra ou escandalosa, deve ser acolhida. Nada há de errado com quem afirma, sinceramente, que Beethoven foi incapaz de compor uma melodia. E sem qualquer demonstração, pois, embora a cultura eduque a sensibilidade, a fruição é subjetiva. Daí os laços entre fé religiosa e crença estética — suas origens repousam na magia da caverna e no berço comum da religião e da cultura —, ambas surgidas nas profundezas desconhecidas do espírito. Espero assim ter atendido os inúmeros leitores — artistas, professores — que há tempos pedem opinião sobre a arte.

A civilização que glorifica a razão produtiva e a lógica utilitária não só impõe objetivos prefixados como usa sua régua para avaliar custo/benefício do que há entre céu e terra. Desconfia do mistério humano e quer descobrir sua utilidade talvez para torná-lo produtivo. Acha o amor dispensável se a utilidade vem da reprodução. Para afirmar a razão, anuncia a inutilidade do que escapa à razão. Porém, amor, arte, subjetividade, metafísica e transcendência são indispensáveis, embora não saibamos por que existem, nem para o que servem. São parte do insondável mistério que constitui o horror e a alegria de ser humano. O poeta disse que amar se aprende amando. Penso que viver também se aprende vivendo — e que fruir a arte se aprende fruindo.

Vovô não viu o voo

Cabelos de neve e rosto corado, o avô franze a testa e aperta os olhos atrás dos óculos, à procura do que atrai a atenção do neto, sentado entre nós, no banco da praça. O garoto, de uns 5, 6 anos, está paralisado pelo fascínio do espetáculo de um beija-flor parado no ar, o longo bico enfiado na flor, sugando-lhe o néctar. O avô olha para o neto, para o jardim, de novo para o neto, e, ao voltar ao jardim, vislumbra o objeto do fascínio — um sorriso maravilhado ilumina seu rosto. O olhar para o neto agora anuncia o achado. A mesma magia encanta duas vidas, uma que descobre, outra que lembra. Na troca de olhar, a camaradagem de velhos parceiros e a cumplicidade de crianças amigas. Entregam-se à admiração do pássaro que levita. De relance, o neto me sorri, num convite a compartilhar. Mais que ver o pássaro, admiro vê-los contemplar o pássaro. Mãos cruzadas à volta do pescoço e cabeça aninhada no peito do avô, o neto se deslumbra com as paradas e guinadas da ave. Tomado pela emoção do momento ou, quem sabe, por remotas reminiscências, o avô fala como quem faz íntima confidência: "Ele bate as asas pra cima e pra baixo mais depressa que um sabiá, um pardal ou qualquer passarinho. Tão rápido que a gente mal vê as asas batendo. Há anos que não vejo as asas deles, nem com esses óculos novos. Mas, na sua idade, eu ficava parado, meio bobo, meio aéreo, encantado de ver como flutuavam no ar."

O beija-flor voa numa direção, súbito muda para outra e some entre as folhagens. Olhos arregalados com a agilidade das manobras, o garoto me olha para confirmar se assisti. O avô não entende quando o neto o fita com a mesma intenção: "Você me olha com cara de quem não acredita, mas é verdade. Eles voam como um helicóptero. E sabe por quê?" O neto ri, balançando a cabeça. Nos seus olhos dança uma esperteza superior. Busca em mim um cúmplice para rir do avô, que continua: "O estômago deles é pequeno, e, como gastam muita energia pra flutuar, precisam comer a toda hora. Que nem você, que não para quieto e quer comer tudo que vê."

O neto dá uma risada. A esperteza do olhar ganha um ar traquina de divertido cinismo. O avô percebe e dá mais ênfase: "Olha bem. Presta atenção. Quando ele para no ar, parece que tem mil asinhas batendo de cada lado do corpo, não é?"

"Ele já foi embora, vô", murmura o neto, talvez para que eu não ouça. O avô lastima: "Foi? Que pena!" Sorri, irônico. "Ivo viu a uva, mas o vovô não viu o voo." E prossegue, curioso: "Não há outros por aí?" O neto, sério: "Não, vô." E me lança um sorriso ambíguo, como se não desse importância ao fato de ele não ter visto, induzindo a que eu também não dê, ao mesmo tempo que cinge o peito do avô com os braços. Pelo olhar, percebe que sei do que tem medo e protege-se sob a asa do avô, impondo silêncio. Mas o ruído das folhas, o chilrear dos pássaros, o marulhar do repuxo — prenúncios do outono tardio — falam alto. O avô sussurra: "Quer saber outro segredo?" "Quero! Oba! Conta, vô! Conta!" "Quando Deus acabou de criar as aves, olhou para o beija-flor e disse: "Você colhe o seu alimento no beijo das flores, tem penas furta-cores como nenhum pássaro, é capaz de parar no ar, o que nenhum pássaro consegue, e ainda canta mais que um canário. Assim, será o rei dos pássaros. Não é justo. Não quero tanta diferença entre vocês. Terá que renunciar a uma dessas qualidades. Permito que escolha qual. O beija-flor pensou, pensou, e quando, enfim, ia responder, descobriu que sua voz não saía. Esforçou-se, e nada. Deus, que tudo sabe, sabia que ele renunciaria à voz e silenciou-o antes. Por isso, o beija-flor é lindo, vive entre as flores, sabe pairar no ar, mas não pode cantar nem inventar histórias, como o vovô faz pra você. Agora me diz. Cá entre nós, se Deus mandasse você escolher entre ser lindo, beber o mel das flores e pairar no ar, o que escolheria?" E ele: "Contar histórias. Como o vovô."

Abraçam-se com a ternura de meninos que se abraçam. Até que o neto me olha como se denunciasse um intruso, levanta-se, segura a mão do avô e diz que é hora. Ao se afastarem sorri em despedida e, embora fosse conduzido, postou-se altivo, lado a lado, com o avô.

O penduricalho

No carro, Palhares disfarça o banho recente: desliga o ar-condicionado, abre a janela, assanha cabelos, abaixa o nó da gravata, enche o peito com o vento que entra pela janela. Está satisfeito consigo mesmo, saciado, relaxado, de bem com a vida. Na tarde maravilhosa e inesquecível, tudo correu bem, sem surpresas nem sobressaltos: não cruzou com conhecidos, o trânsito fluiu e, no sinal, não foi reconhecido. E vai pegar a mulher e a filha na hora combinada.

Goza a plenitude, quando toca o celular. Palhares vê quem chama, antes de atender. É a loura; ele sorri, cínico: "Não morre tão cedo, gata! Estava pensando em você. Tô besta contigo. Essa carinha esconde um vulcão! Mas escuta, gata, a gente combinou de não ligar pro meu celular, lembra?" Ela interrompe com mineira languidez: "Aqui: perdi meu brinco!" Palhares lamenta com a pachorra do fauno saciado: "Mesmo? Que chato, gata. Brinco tão bacana! Onde perdeu?" "Aí", ela responde. Palhares pula de susto: "Aqui?" Quase bate o carro. "Um brinco? No meu carro? Você é uma anta, Otacília!" Ela começa a chorar, fica mais lenta: "Não fala assim comigo. Eu, desesperada, você me chama desse nome!" "É anta, sim! Por que não guardou o brinco na bolsa?" "É sempre assim, homem é tudo igual!" Ele grita: "Para de chorar, Otacília!" Ela chora alto: "Não me chama desse nome!" "Mas Otacília não é o seu nome!?" Ele vê o guarda de trânsito, esconde o celular, a loura continua: "É. Mas eu odeio. Me chama de anta, mas desse nome, não!" Passado o guarda, ele diz: "OK, OK. Mas foi no carro ou no motel que o brinco sumiu?" "Sei lá." Palhares vê as horas. "No motel, esquece! Tenho compromisso agora. Nem morto volto lá!" Ela chora. "Meu marido vai me matar! Ia penhorar o brinco amanhã!" Palhares encosta o carro: "Escuta, vou desligar pra procurar. Se achar te ligo, OK?" "Se meu marido estrilar, dou seu nome e tudo!" "Não faz uma desgraça dessa, gata!" "E digo que quer ficar com o brinco que ele me deu." "Calma, gata. Vou procurar. Se achar, ligo." Vê as horas: a mulher e a filha já o esperam! Se não achar o brinco, uma ou outra vai achar. E lhe arrancam o escalpo!

Sai do carro, arregaça as mangas, abre a porta do carona, acende a luz interna e, de quatro como um vira-lata, fareja e apalpa o piso. Reclama: "Como será o penduricalho? Grande, pequeno, verde, vermelho, de ouro, brilhante ou pena de papagaio?" Com baixa luz e miopia alta, jamais verá o mísero balangandã. Prageja: "Otacília, sua anta: nunca mais!" Tira o tapete, põe na calçada, procura de joelhos. Passantes param para ver. Procura, apalpa, tateia, nada. Repõe no lugar. Abre a porta de trás — anima-se ao lembrar que foi atrás que a coisa ferveu. Tira o tapete, procura, nada. Toca o celular. Ele vê que é a mulher: "Oi, amor. Tamos te esperando. Onde você tá?" "Eu? A caminho, a caminho! Já já passo aí." "Vem logo, tem uns tipos esquisitos aqui." E a filha: "Pai, não vai se atrasar, você prometeu! É o último dia. Beijo." Molhado de suor, tira outro tapete e arranca o banco de trás. Sem enxergar direito, vira e revira tapetes, bancos, bolsas, porta-luvas, tateia frestas e fendas: nada do berloque. Vozes ecoam: "Se meu marido estrilar, dou seu nome e tudo. Tem uns caras esquisitos aqui! Não vá se atrasar, você prometeu!" Lastima o poder destrutivo do mísero balangandã que nem notou. "Seja o que Deus quiser", diz para si, cogita duas versões para o caso de acharem o maldito e corre a pegar a mulher e a filha — o que ainda pode salvar.

Ao volante, indo assistir à peça do Nelson Rodrigues, toca o celular. É a loura. Esposa e filha em coro: "Quer que atenda?" Palhares, marido e pai exemplar, atende, áspero: "Alô!" Ela, na mineira languidez de sempre: "Aqui. Achei o brinco! Tava no..." Ele: "Ótimo! Pode penhorar! Agora, esquece que eu existo, Otacílio!" Antes de desligar, ainda ouve o espanto: "Otacílio!", e o choro: "Homem é tudo igual..." Satisfeito consigo mesmo, Palhares segue para o teatro saciado, relaxado, de bem com a vida e com o mundo.

Mistérios insondáveis

O poder da razão nos enche de genuíno orgulho. É extraordinária a capacidade humana para compreender o mundo em que vivemos — da minúscula intimidade da matéria aos espaços infinitos do cosmo, da inteligência artificial ao uso das células-tronco. É tamanha a empolgação com a capacidade de compreender as miraculosas elaborações da razão que, às vezes, somos instilados a crer que não há limites para o conhecimento — o que, de fato, parece não existir — e nos alçamos a extremos nos quais a soberba ultrapassa a própria razão.

Inflados pela onipotência, passamos a viver como senhores da natureza e deuses da razão. Nesses momentos, humildade deixa de ser apenas uma virtude e passa a ser uma necessidade — até para ajustar pesos e contrapesos e restaurar o equilíbrio.

A despeito das fantásticas conquistas da ciência, a espécie humana convive com mistérios tão insondáveis quanto essenciais à vida. É quase alarmante que a vida siga seu curso sem que possamos balbuciar qualquer verdade sobre questões que nos acompanham do nascimento à morte.

O nascimento, para começar, é um mistério. Nada sabemos como e quando a vida se instala. Além do absurdo acaso implícito num determinado espermatozoide, entre milhões, fecundar o ovo e resultar num ser e não outro, inteiramente distinto — o que nos define como um acaso da natureza, ao qual se junta o aleatório da programação celular detectado pela biologia genética. Somos, enfim, um acaso do acaso. Ademais, quase todo o saber clínico sobre o nascimento apoia-se em estatísticas e estudos de caso — não no conhecimento do momento decisivo onde tudo começa. Vivemos no mistério do nosso surgimento.

Noutro extremo, a morte — sabemos o que leva ao colapso de órgãos e sistemas, mas nada sabemos sobre o que ocorre após o repouso cerebral — instala-se no inescrutável domínio da fé. No âmbito do conhecimento, é puro mistério. Sabemos que a vida, tudo que somos e deixamos de ser, se dá entre o nascimento e a morte, nossos limites. E nada sabemos sobre os próprios extremos determinantes da vida em si.

Mencionei a seara inescrutável da fé — eis outro mistério. Sabemos que muitas pessoas têm fé — vários tipos, em várias revelações —, mas não sabemos dizer o que seria a fé. Santo Agostinho, que a chamava de esperança, considerava-a um privilégio — ou seja, não é para todos! E reiterava essa ideia com um quase paradoxo. Dizia o santo das *Confissões* que quem entendeu Deus está longe da verdade, porque Deus não é acessível pela razão. Que mistério é a fé! Sem ironia, para ter fé é preciso crer, antes, na fé — que não se dispõe ao entendimento.

Mais prosaico e rotineiro, porém não menos misterioso e instigante, é o sonho. Desde as remotas civilizações nos primórdios da espécie que o homem quer entender os sonhos. O *Talmude*, o *Corão* e a *Bíblia* estão repletos de interpretações dos sonhos. No início do século XX, Freud, com *A interpretação dos sonhos*, lançou alicerces da teoria da subjetividade. Mas é uma interpretação entre outras. Dormimos todas as noites com o desconhecido sonho.

E o que sabemos do amor? Como surge, de que se constitui? Sabemos que são complexos impulsos subjetivos, vindos de recônditos obscuros, mas não conseguimos defini-lo. Pode-se escolher, com os critérios da razão, um marido, uma esposa, pode-se criar parcerias de conveniências e pode-se acomodar afinidades, mas não se pode escolher a quem se ama. O amor brota por si e como um mistério.

Há outros, muitos outros, mistérios que nos cercam. Lembro só mais um, com o qual convivo dia e noite: a arte. Para o que é a arte, de que se constitui e a que serve, não há respostas conclusivas, todas giram em torno de conceitos — talvez pela falta de uma teoria geral da emoção, outro mistério! Por lidar com a criação, a arte propõe paradoxos, que não respondem, mas nos distraem do seu próprio mistério, como o de Jean Cocteau: "A arte é indispensável, se ao menos soubéssemos para quê."

Somos uma razão poderosa, audaciosa e revolucionária, que não consegue jogar luz nos nossos próprios mistérios, tão singelos e cotidianos quanto insondáveis.

O dia dos eternos enamorados

Tão insondável quanto a fé transcendental e a vida após a morte, o amor é o mais instigante dos mistérios humanos. Não só esquiva-se à luz da razão como é o único deles a envolver dois seres vivos. Se o amor não surgiu com o homem — na caverna do bárbaro instinto, ignorava-se o amor —, é uma construção da cultura. Sempre obscuro, o amor grita e esperneia dentro de cada um de nós. Na ressaca do baile dos namorados e da festa ao santo casamenteiro, o cronista visita o tema — ou se visita. Quem queima incenso no altar do amor e morre de curiosidade pela natureza humana fala do que intui e não entende, percebe e não conhece.

Enamoramento é ânimo dadivoso, oferenda diligente que flui além da amizade e aquém do amor. Afora a enigmática atração amorosa — que inclui a sensualidade, mas vai além do corpo —, amor e amizade são afeições à mercê do acaso. Amizade é simpatia adensada pela convivência, convergência de sentimentos, ideias e interesses. Pode-se namorar sem amar, mas é impossível a amizade sem reciprocidade. Amizade exige tempo e constante troca, amor irrompe como fagulha. Não se diz que amores passam e amizades ficam? Escolha além da razão, amor se busca pelo olhar. Olhamos dentro dos olhos e queremos que os olhos nos olhem. E o que vemos? Tudo ou nada. Se há troca, a fagulha vira relâmpago e incendeia a escuridão. É a percepção instantânea de todos os tempos em um só, de todas as emoções num só estremecimento — o mistério da atração é inescrutável! Útil na sedução, a beleza, percepção subjetiva, é acessória no despertar do amor. Amor é ânsia de completude, não aspiração estética, de resto efêmera como a moda. O ser amado vive além do belo.

Sem encontro não há luz. Mas como encontrar? Onde oferecer olhares e buscar olhos? O encontro é acaso? Sorte? Predestinação? Desencontros povoam as metrópoles de solitários, que vagam como sonâmbulos. Diz-se que os pares não se buscam, encontram-se. Parece que todo encontro está no centro de um labirinto de coincidências, surpresas, acasos. Mas nunca se dá sem a cumplicidade da vontade. Encontro é acidente que a liberdade de cada um transforma em escolha — escolha além da razão.

Animado pela indefinível atração, o namoro é desvelar-se como pessoa e, ao mesmo tempo, descobrir *outra* pessoa, diferente e desconhecida. Às surpresas seguem-se decepções, como em qualquer aventura. Para ajustarem-se, os pares experimentam, tateiam, desafiam. Jogam o jogo, típico do casal, de dar e receber, mostrar e ocultar, avançar e recuar, negociar e trocar. Sobretudo expõem-se, juntos, à vida. Envolvendo emoção, nada é fácil. E nada é melhor.

Se irrompe a paixão é o abismo. Queda livre é delícia, porém... desaba! Paixão significa dor, martírio. É angústia, é carência, é ânsia de possessão do que se deseja e não se tem. Mas é, também, felicidade: pode-se consumar tal posse, ainda que breve e precária. Apaixonados saltam da exaltação à prostração, da depressão à euforia, da raiva à ternura, da aflição ao erotismo. Montanha-russa perpétua! Mas viver não é cair sete vezes e se erguer oito?

Desejo de um único corpo e uma única alma, não há amor sem sensualidade — emanação de vastas energias ocultas que invade todos os sentidos. Mas amar vai além do corpo desejado, quer a alma desse corpo e, uma vez a alma, quer de novo o corpo — é a pessoa amada inteira. Sereno, o amor inclui o conhecimento e a aceitação do outro. Quer a concordância dele — vontade de ser amado — e sua reciprocidade — vontade de amar. Aqui, colide com outro ideal humano, a liberdade. E surgem a tirania da exclusividade — só eu posso amar essa pessoa — e a posse — se a amo, ela é minha! Eis que o verdadeiro amor só existe se a posse se torna entrega. Daí a exigência de reciprocidade. E o fim da relação dominador-dominado.

Esse amor, que não busca nada além de si, nem um fim que o transcenda, começa e acaba em si mesmo — seus frutos são intangíveis. Coroa uma dura construção e uma escolha. Mas essa escolha — além da razão — não vem de coincidências, acasos, circunstâncias, enfim, de uma insondável concatenação? Bailando no impalpável, o amor pode ser extremado, como as criações do homem: a suprema felicidade ou a desgraça suprema. Parafraseando a poeta, será que, como a liberdade, o amor não é um ideal que o sonho humano alimenta, e não há quem o explique, e não há quem não o pretenda?

É difícil, é árduo, parece quase impossível viver a plenitude do amor. E, todavia, o obscuro amor clama e grita, estremece e esperneia dentro de cada um de nós.

Marginália

Aprecio a marginália. Bem sei que não deveria fazer confissão que possa induzir a um mau costume, sobretudo se há risco de influenciar os jovens. Mas não vou me reprimir. Não só aprecio, sou favorável à divulgação da marginália. Mais que isso — e abro o meu coração —, pratico a marginália! Tenho o vício incontrolável, condenado pela maioria das pessoas, desrespeito grave para muitas, crime de lesa civilização para algumas. Não consigo ler livros sem estar armado com um lápis ou uma caneta e fazer anotações na margem da página, além de grifar ou destacar passagens com um marcador de texto. Se não escondo a culpa nem me eximo da responsabilidade, mereço atenuante. Onde cabe delação premiada, cabe confissão premiada. Afinal, só pratico a marginália em livros meus — naqueles que ganho ou compro —, afinal, se é que publicado, um livro, tornado público o conteúdo, é propriedade de alguém. Nos que escrevo, com a insatisfação que nunca me concede trégua, há mais anotações do que texto impresso.

Ao ler livros emprestados — coisa rara —, é uma alegria descobrir que o dono é adepto da marginália. Que prazer me deparar com sua opinião sobre alguma passagem! Digerir o texto do autor e saborear, como inesperada sobremesa, o comentário do dono do livro é agregar alegria ao deleite.

Confrontado com o texto original, o comentarista se entrega como pecador no confessionário. Desinibidos se põem nus, tímidos consolam-se com pontos de exclamação e interrogação — registram a dúvida ou perplexidade.

Em minha defesa, jamais fiz marginália em livros de bibliotecas — públicas ou privadas —, embora, admito, às vezes seja tomado por comichões de irreprimível vontade de deixar registrado meu comentário. Aprendi, no entanto, a me livrar de lápis e canetas antes de iniciar a leitura.

É um delírio quando me deparo com marginálias em livros de amigos ou pessoas próximas. Não me controlo — a amizade concede regalias —: deixo escrito meu comentário ao comentário, se possível em outra cor. E me divirto imaginando a reação do próximo leitor, sem falar a do próprio dono.

Entre outras revelações, a marginália enseja até uma espécie de autoanálise. Ocorre que, às vezes, ao revisitar um texto, encontro minhas próprias observações de várias épocas. Já me surpreenderam pela pertinência e precocidade de alguns comentários. Mas, em geral, me espanta como a ignorância estimula a audácia. Não me vejo na petulância de certos arroubos nem na arrogância com que questiono o autor consagrado, que hoje admiro. É bom que o tempo ridicularize a intempestiva presunção. Compungido, comento meu próprio comentário e, na sequência das várias épocas, as marginálias mostram o agitado debate comigo mesmo em face à secular sabedoria de um verso, uma frase ou um parágrafo.

O vandalismo enxerido que, na ausência do autor, viola o texto definitivo mostra a intensidade — e também a qualidade — da interação do leitor com a obra. Ora, uma boa leitura exige a permanente disposição para reagir ao texto, fazer indagações, responder a perguntas, enfim, dialogar com o silêncio impresso. Não importa que o saldo do embate seja a admiração extática, a concordância serena, novos argumentos, a refutação irônica ou mesmo a repulsa. O importante ao ler é viver o texto, e a marginália, conforme a extensão e a profundidade, pode se tornar um texto paralelo, ocupando as margens laterais, o topo e o pé da página — até mesmo as entrelinhas. Quem sabe mais rico que aquele que o fecundou.

As marginálias de alguns leitores ganharam tal importância que viraram obras autônomas. Há uma edição das marginálias de Racine sobre as falas de *As Bacantes*, de Eurípides, sem falar da célebre marginália de Coleridge. Ocorre-me a perda de J.L. Borges, adepto da marginália, após a cegueira: a literatura tornou-se uma voz na sua escuridão, sem margens nem entrelinhas para comentários.

Marginália de fantástica repercussão na ciência foi a de Fermat, o matemático francês. Após sua morte, encontraram, num tratado que discutia a solução genérica para a equação $v = (a+b)^n$, para todo n maior que 2, o seu comentário: "Tenho uma bela solução para este problema." Vasculhados todos os seus escritos, nunca se encontrou a tal solução — o que desencadeou entre os matemáticos uma frenética corrida pela demonstração, que só 350 anos depois foi encontrada. Essa marginália pode ser lida em *O teorema de Fermat*, de Simon Singh, Editora Record — com os ingredientes de um envolvente romance.

Neste momento espalho marginálias pelas novecentas páginas das provas do livro *Os órfãos da revolução*, de Domingos Meireles, fruto de seis anos de pesquisas sobre a revolução de 1930. O autor me confiou o prefácio, e, enquanto leio, tome marginálias! Nesse ensejo, peço perdão aos demais escritores que me honram com convites para escrever apresentações e orelhas e afins pela impossibilidade de aceitar. Aturdido pela falta de tempo, escrevo entre nuvens escuras, num voo para Montes Claros — espero que iluminem para falar sobre literatura.

Já que você leu até aqui, use os espaços em branco desta página para fazer suas marginálias sobre este texto. Não se iniba nem poupe o cronista e, quando acabar, deixe o livro à vista. O próximo leitor poderá fazer marginálias das suas marginálias.

Gravidez indesejada

Nasceu, cresceu e casou no sertão mineiro dos anos 1950/60, nas veredas entre o vale dos rios São Francisco e Urucuia, que Guimarães Rosa tornou encantadas. Tinha pai, mãe, irmãos, terras, posses, gado e, nos últimos 6 anos, marido. Mas não tinha filhos, lacuna que entristecia a casa-grande. Amassava o pão, cozia o de comer, cosia o de vestir, matava o tempo e nada de filho. O marido calado.

No começo, a família perguntava: "Vai ter muitos?" "Quantos Deus queira", ela respondia, confiante. Amigos afiançavam: "Toda cadeiruda é parideira"; ela, em resposta, sorria esperançosa. Semeia-colhe-semeia, e nada de gravidez. Calado, o marido olhava o tempo mudar na janela. Vizinhos passaram a indagar: "É pra quando?" Ela dava de ombros, já não respondia. Lamentava por si, pelo marido, pela família e pela própria natureza. Ali, esposa sem filho é como pasto seco ou semente podre. E, para onde se olhe, o sertão ensina a nascer. Floresce canavial, água brota nas nascentes, vacas parem bezerros, porcas e cadelas, ninhadas. Aos poucos, deixaram de fazer perguntas e o assunto foi sepultado pelo silêncio. Não por ela, que o mantinha palpitante.

Para não ficar anônima, vou chamá-la de Yerma, personagem de Garcia Lorca que, obcecada pela vontade de engravidar e, não contendo a inveja do que nunca sentiu, suplica à lavadeira grávida que lhe diga a sensação de carregar um ser no próprio corpo. "É como segurar na mão um passarinho vivo", explica a mulher.

Yerma encomendou uma missa, rezou novena, pagou promessa, fez romaria. Nada. Consultou médicos de cidades vizinhas, marcou dias na folhinha, observou o período fértil — o marido colaborava num silêncio respeitoso e inseguro. Tudo em vão. Foi benzida, tomou beberagens e fez mezinhas. Inútil. Passou a ouvir choro de bebê à noite e a sonhar que estava grávida: acordava aos prantos e socava a barriga, revoltada com o ventre seco feito pedra. À sua volta, cada murmúrio virou cobrança; cada olhar, censura. Ao ouvir a galinha cacarejar o ovo, sentia um aperto no peito. Para ela, a vida sem filho perdia o sentido. Nascida mais mãe do que mulher, tornou-se a mãe a quem não se dava um filho.

Cogitou de adoção, quem sabe do Passarinho, apelido do filho da lavadeira, que já corria atrás dos cachorros. O marido assentiu em silêncio, mas ela acabou desistindo: queria que se formasse nela e nascesse dela, conforme a natureza.

Foi quando soube por um mascate que, em Belo Horizonte, dois obstetras, pai e filho — de cuja filha ouvi este acontecido —, faziam proezas. Dizia-se que, com eles, até virgem dava à luz! Yerma pegou a primeira jardineira e partiu para a capital — o marido a seguiu calado. Dois dias depois, desembarcou, pela primeira vez, em Belo Horizonte, fascinada com a capital e grávida de esperança.

Após minuciosa anamnese, o sereno e experiente médico pediu que ela fosse ao banheiro e vestisse o avental para o exame local. Ela entrou no banheiro, ele ficou lendo anotações. O tempo passava e Yerma não voltava. Depois de longa espera, o médico pediu para a assistente ver o que estava ocorrendo. "Ela quer falar com o senhor", disse a assistente ao voltar. O médico foi ao banheiro.

Pálida e trêmula, estupor estampado no rosto mas tentando esconder o que o avental não cobria, ela estava acuada, agachada no canto do banheiro. O médico acalmou-a, infundiu-lhe segurança, até indagar o que a assustara, qual a razão do pânico. Entre soluços, disse num fio de voz: "Ter um filho é o sonho da minha vida, doutor. É tudo que peço a Nossa Senhora. Mas desculpa, doutor, não sabia que era assim. Pelo amor de Deus, eu só quero ter meu filho com o meu marido!"

Esclarecido o papel do obstetra e sem risco da gravidez indesejada, o médico pôde concluir o exame e fazer as prescrições. Um ano depois, numa felicidade radiante, ela dava de mamar ao filho, batizado Lucas, enquanto o marido os observava com um sorriso vitorioso. Embora em silêncio.

Este é um dos casos anotados, sem citar nomes, pelo Dr. Lucas Machado, pai do Dr. Lucas V. Machado, nos dez cadernos com episódios pitorescos de sua carreira.

Meu sonho se confunde comigo

Os sonhos podem ser comprados, vendidos, trocados, roubados. Tudo isso é corriqueiro na China. O que me impressiona é este grau utilitarista e pragmático com que se comercializa algo que eu não entendo completamente. Afinal, o que é o sonho? Por que sonhamos? Por que a história de um sonho é uma e não outra? O sonho significa algo? O sonho é uma linguagem? Não sei responder a nenhuma destas perguntas. Ao sonho, habituei-me sem entender. Desde a sua origem, o homem atribui significações aos sonhos. Essas significações variaram com a época, a geografia, a etnia, a religiosidade, a cultura etc. Mas sempre, em qualquer situação, o valor só é conhecido após a interpretação do sonho. A figura do intérprete — misto de sábio, sacerdote, feiticeiro — infunde respeito e sugere ter poderes sobrenaturais. O intérprete tem o dom de saber o significado de cada objeto, de cada cor, de cada acontecimento, de cada personagem que aparece no sonho. O valor do sonho, portanto, depende muito mais de quem o interpreta do que de seu valor intrínseco.

O homem nunca entendeu por que sonha, nem o significado do sonho. É um grande enigma que vive dentro dele — ao lado dos outros igualmente inexplicáveis: a origem do homem, a gestação e o nascimento de um ser humano, o universo em que vive. A Via Láctea tem centenas de bilhões de outras estrelas. E, hoje se sabe, o universo tem centenas de bilhões de galáxias. O universo é, portanto, ele próprio um enigma.

E o que é o homem, num universo de proporções inimagináveis? O que significa seu sonho na turbulenta complexidade de sua subjetividade? Esses enigmas nos quais o homem cala, sucumbe ou procura uma fé atraíram todas as formas de arte. A origem do teatro, atribuída sistematicamente à celebração da colheita, não poderia ser uma imitação dos sonhos? – mais frequentes que as colheitas, e nos quais aparecem humanos conhecidos vivendo uma situação? O teatro reproduz o sonho, apenas racionalizou sua narrativa para escapar ao caos incompreensível. Da mesma forma como, mais tarde, o cinema criou a sua estrutura para narrar sonhos. Tanto para uma como para a outra arte, a criação e a percepção passam pela experiência que os espectadores acumulam ao sonhar.

Na literatura há exemplos em profusão. Deixo aqui apenas dois instigantes. Um, de Coleridge, indaga: Se eu estivesse dormindo e sonhasse que colhia uma flor. Ao acordar, lá estava a flor na minha mão. O que teria acontecido? Borges imagina que somos todos personagens de um sonho que alguém está sonhando. Se este alguém acordar, nós desapareceremos.

A psicanálise conceitua o sonho como um conjunto de imagens, lembranças ou de impulsos inconscientes, condensados, elaborados, simbolizados ou distorcidos, que se experimenta especialmente durante o sono, mas também em outros lapsos de atenção, e cujo significado é normalmente oculto para o ego. O conjunto de imagens aleatórias sugere aleatórias interpretações. A psicanálise pretende o processo terapêutico individualizado, porque o intérprete dos sonhos, nesse caso, oferece interpretação individual, personalizada. O comércio de sonhos se baseia no valor atribuído pelo intérprete a cada sonho. Se em um sonho há uma herança de um reino, seu valor é alto e haverá quem compre. Se, ao contrário, o intérprete decifra doença grave com morte próxima, este sonho não tem valor. O que o sonhou terá que pagar caro para que alguém o compre e o poupe da doença grave e da morte prematura. O melhor, no entanto, é não vender seu sonho, nem trocá-lo, nem negociá-lo de forma alguma. Sonhos existem para serem realizados.

Como as patas de um cavalo

Tomada pelo medo crescente, jurou nunca mais sair de casa à noite. E, mesmo durante o dia, expor-se na rua apenas o tempo necessário para desincumbir-se das tarefas domésticas. Com o prédio gradeado, teleinterfone e câmeras nos elevadores, sente-se mais protegida. Porém, a leitura do jornal e o noticiário da TV trazem de volta o medo. Nos seus 66 anos, nunca viu nada parecido com o que acontece hoje no Rio de Janeiro. Professora do nível médio, até se aposentar transitou de ônibus pela cidade, de Copacabana, onde sempre viveu, à Tijuca, onde lecionou. Exuberante e comunicativa, ia sempre à praia e ao cinema, às vezes ao teatro e, mais raro, ao Canecão, com esticada para jantar. Escriturário, o marido ia para a repartição de paletó sobre os ombros, lendo o jornal e assoviando "Os pobres de Paris". Nunca foram assaltados, ameaçados nem constrangidos. A paz liberava o humor e a alegria de viver.

Colegas falavam em assaltos, ela achava que eram no centro da cidade, na Zona Norte ou no subúrbio. Vizinhos comentavam sobre drogas e tráfico, ela achava que era na favela. Um dia viu um arrastão na praia — gritos, correria, areia no olho, dezenas de pivetes roubando tudo —; assustou-se. Mas pensou: "Coisa do verão." Depois, bateram a carteira do marido: "Foi pouco dinheiro; e não teve arma", consolou-se. Mais um ano e roubaram o carro do filho. Por sorte, não estava ao volante. Pouco depois, a filha achou maconha na mochila do próprio filho. Só quando o filho da vizinha foi assassinado ao reagir a um assalto é que se deu conta de que girava no olho do furacão.

Lastimou a época sem fé nem valores e deplorou a perdição do mundo. Amaldiçoou os políticos que queriam o poder pelo poder ou o poder para roubar. Condoeu-se do Rio de Janeiro, infelicitado por péssimos governantes. Como se explica — indagou entre lágrimas — tal degradação da cidade que todos amam? Como deixaram que a Princesinha do mar chegasse a esse ponto? O que fazer para livrar a Cidade Maravilhosa do pesadelo? Com a barba de molho, o marido vive silencioso, lê o jornal em casa, veste e abotoa o paletó e nunca mais assoviou "Os pobres de Paris".

Nos seus abismos, o medo pede detalhes. Acompanhando tudo pela imprensa, ela aprendeu o nome das favelas e os pontos de venda em disputa, dos chefes de quadrilha e seus rivais, dos bandidos presos e procurados, dos delegados e comandantes. Sabe as siglas de batalhões e delegacias, o apelido de viaturas, gírias de bandidos e jargões da polícia. No seu pânico bem-informado, vaticinou: "Com a condicional, Dudu vai atacar Lulu e retomar a Rocinha." E concluiu, ciosa: "O bicho vai pegar, tá ligado?" O marido ouviu perplexo.

Assombrada, não dormiu mais. Com oitenta homens armados, Dudu parte do Vidigal para a Rocinha. Mil e trezentos militares ocupam os morros. Instala-se a barbárie. A cada hora, mais mortos. Entre eles, Lulu. Agora a Rocinha espera o ataque de Dudu, assim que a polícia sair. Após dias de pânico, ela sucumbe: palpitações, falta de ar, insônia e inapetência.

Sem ter quem a acompanhe, parte sozinha para a clínica. No banco de trás do táxi, atenta a cada movimento do motorista — um mulato sorridente —, recusa a oferta do ar-condicionado e pensa: "Quer fechar tudo pra sumir comigo", certa de que, numa emergência, com janelas abertas seus gritos chegarão à rua. No sinal, ele abre o porta-luvas — "Ai, meu Deus, a arma!" —, tira a flanela e limpa o painel. Alivia-se com o camburão que para ao lado. Mas, ao ver metralhadoras saltando pela janela, volta o pânico. Adiante, encontra no retrovisor os olhos dele sorrindo. O coração bate como as patas de um cavalo. "É sádico. Vai me matar sorrindo." Mal o carro para, ela salta, esquece o troco e, sem se virar, entra correndo na clínica.

Respira sozinha na fila à espera do elevador. Logo um homem se posta atrás dela. É negro. Ela o pressente e estremece. O elevador chega, sem ascensorista. Ele se antecipa e segura a porta, sorrindo. Emoções em turbulência, ela não sabe o que fazer. Cerra os olhos e entra rezando. Dentro, o homem pergunta: "O andar, senhora?" "E agora, meu Cristo?" Murmura com lábios trêmulos: "Quinto." Ele aperta o 5, a porta se fecha. Cabisbaixa, ela mal respira. Intui cada gesto dele. "Maria Santíssima! Ele vai me estuprar. Ó Senhor, meu Jesus Cristo! Ele vai me espancar, me torturar! Ó clemente, ó piedosa, doce Virgem Maria! Vai puxar a arma, minha santa! Rogai por nós, Santa Mãe de Deus!" O elevador para no quarto andar. O homem sai. Ela suspira fundo, persigna-se. Agradece a Deus. Trêmula e suada, irrompe no consultório e desabafa a uma perplexa sala de espera: "Quase fui assaltada!"

Sente-se aliviada pela ameaça que não houve. É sempre assim. Onde o medo faz morada, a lucidez bruxuleia, a intolerância se insinua e o preconceito salta das entranhas.

O Barba-Azul

Das histórias de Charles Perrault — "A Bela Adormecida", "O Gato de Botas", "Chapeuzinho Vermelho", "A Gata Borralheira" etc. — que tanto fascina a infância, "O Barba-Azul" é a única que tem sido veladamente ocultada das crianças, enquanto é descoberta pelos adultos: virou filme de Lubitsch, livro de Ângela Carter, ensaio de George Steiner, ópera de Béla Bártok — a que assisti outro dia em São Paulo, e que aflorou o tema.

Resumo do assombro: nobre rico, dono de insólita barba azul, apaixona-se pela vizinha do castelo. A jovem, como todo o feudo, o teme pela bizarra aparência e o mistério do paradeiro das suas sete mulheres anteriores. Para conquistá-la, Barba-Azul dá uma festa, e, deslumbrada, ela se casa com ele. Antes de uma viagem, ele lhe dá as chaves do castelo, mas proíbe-a de entrar num dos cômodos. Mal ele parte, ela entra no tal cômodo e vê, refletidos numa poça de sangue, os corpos pendurados das sete esposas. Foge assustada, a chave lhe cai da mão e se suja no sangue — inútil lavar, a mancha não sai. Apavorada, ela pede ajuda à família. Na volta antecipada, Barba-Azul descobre a violação e decide matá-la. Alegando que precisa rezar, ela ganha tempo até chegarem os irmãos, que o matam e a salvam. Ela herda a fortuna do morto e se casa com outro.

A associação amor-morte, que apavora as crianças, se redime ao final: a rica heroína se casa de novo. E a violência não é maior que a do lobo retalhado pelo bando de caçadores por ter comido, via oral, a avó e a neta! Nem maior que a da madrasta que escraviza a enteada. Por que, então, ocultar "O Barba-Azul"?

Intérpretes dos contos infantis — Bettelheim, Maria Tatar etc. — não explicam a interdição. Convencido de que a fantasia impregna muito além da razão, acho que Barba-Azul nunca se destinou às crianças — Perrault mais compilava do que criava. O conto, de lampejos góticos, é uma grande metáfora, uma mítica revelação da impossibilidade da plena realização do desejo amoroso. Para ter tudo e poder tudo, Barba-Azul precisa que alguém reconheça que ele tem e pode, legitimando assim seu poder. Sozinho, é apenas um anônimo. Uma pessoa só existe para a outra, espelho no qual se vê refletida. Narcisismo sem plateia é insanidade. Macho só existe para a fêmea. E vice-versa.

Reza o mito que a mulher, feita do homem, levou consigo a metade imprescindível à plenitude dele. Com a sua metade, porém, ela também não se completa. Aí começa o drama, ou a comédia — você escolhe. Desde a queda do paraíso, ambos querem reunir os dois seres que eram um só. Cada um quer tomar/retomar a metade que está no outro. Custou caro a maçã que Eva ofereceu e que os dois saborearam — e tudo ficou mais divertido do que ter ambas as metades no mesmo ser. Mas o preço é a exaustiva busca: uns desistem, outros acomodam metades que não se ajustam, outros dormem num abraço de ouriço, e os tenazes persistem. A ansiosa obsessão de *re-ligação* e *inter-penetração* não aspira só a comer, deglutir o outro: pode ir ao paroxismo de querer se apossar da alma do outro, matá-lo até, para saber por que não se basta, por que necessita tanto dele.

Barba-Azul se apaixona e mata sete mulheres, e mais mataria na busca do amor dito verdadeiro, da entrega absoluta, que implica a servidão voluntária, a renúncia a si, só aceitável na morte — real ou metafórica. No plano simbólico, cada orgasmo é uma morte — perda de consciência, abandono e desfalecimento. A mulher, determinada a atraí-lo, fasciná-lo e seduzi-lo, também se mata para oferecer a alma que ele deseja. O Barba-Azul tem o mesmo destino d'A Barba-Azul.

Sete mulheres, sete pecados capitais — o pecado é a providencial interdição para que não se morra de paixão. Supor que se trata de conto infantil é querer avisar a quem mal chegou ao mundo que a felicidade é impossível. Melhor deixar que descubra, na idade certa, que "O Barba-Azul", ou "A Barba-Azul", vem no DNA.

O princípio e o fim

Embora use agasalho para o frio de zero grau, tem penduricalhos coloridos nas orelhas, adornos na cabeça, cabelo liso avermelhado, penteado para a frente. Entre os 5 mil participantes da Jornada de Literatura de Passo Fundo, Ciridewê Xavante é o único e solitário índio. Inesperada presença entre escritores, críticos, professores, estudiosos de literatura, jornalistas, fotógrafos e a *féerie* da TV. Na primeira fila, mantém-se atento ao palco, onde se debate criação literária. Será escritor? Professor? O que faz aqui? Do palco, mantenho-o na mira. Não esboça reação de entendimento, concordância ou rejeição. Estará entendendo? Acompanhando? Somos tão semelhantes e, ao mesmo tempo, tão diferentes. Tão próximos e tão distantes. Índio é como esfinge. Minha curiosidade devassa sua imobilidade plácida e intangível. Como criar, sem subserviência nem piedade, canais entre nossos mundos — o da cultura branca europeia, literária, e o da indígena, ágrafa e mítica? Somos um radical choque cultural. Tento construir sua história e visão de mundo.

Antes de existir o dia e a noite, o tempo e a passagem do tempo, Tupã já existia. Não teve pai, nem mãe, nem amigo. Era só e único. Não tinha rosto, nem corpo. Não tinha idade porque não houve um dia em que nasceu e porque o tempo não passava para ele. Ele era tudo que existia. E era só pensamento. Pensamento que ele pensava. O resto era o nada.

Do nada Tupã fez a Terra. Havia muito que a terra existia, mas quase não se via porque se cobria com o manto da escuridão. Tupã, então, fez a luz. Tudo se encheu de infinidades de pedrinhas penduradas em fios de ouro mais finos do que fios de cabelo, que arrastaram para longe o manto da escuridão. Viu-se, então, que a Terra era seca e lisa feito um caco de cuia.

Triste, a Terra chorou tanto que as lágrimas começaram a se mover em seu ventre. Subiram altas montanhas, desceram grotas profundas, brotaram das pedras e de dentro da Terra. Ao verem a luz, as lágrimas viraram água. E surgiram nascentes. A água escorreu pelas matas, despencou de ribanceiras, inundou com cachoeiras o vazio dos abismos, correu afoita, atropelando-se. Para acalmá-la, Tupã criou os peixes. E advertiu que pagariam com a vida se a abandonasse. Assim como a mãe gera na água o filho, a água fez da terra-mãe. No seu ventre úmido, a terra gerou árvores, plantas de comer, de curar, de colorir e perfumar. As árvores grandes foram incumbidas de segurar o céu para ele não cair.

Então Tupã criou o índio para ser o guardião da natureza. A mata foi sua casa, e no seu coração moravam os espíritos da floresta. Vestia-se de penas e plumas porque se sentia uma ave. Imitava o canto dos pássaros e dialogava com eles. Dançava como os animais. Quando tinha fome, comia peixe, fruta e carne. Não colhia mais do que necessitava, pois não vendia nem trocava. Como não era preciso possuir para contemplar, não colhia a flor.

Árvores, águas, pássaros e animais não são só beleza para admirar, nem só lugar de morar, nem só um pomar eterno. O índio reconhece cada árvore, pássaro e animal como seus antepassados, avós, pais, irmãos... Descendente da floresta, índio é natureza.

Agora, Ciridiwê Xavante está no palco, eu na plateia. Fala com voz grave e serena, num português trôpego de muitas pausas: "Índio conta história, não escreve. Índio quer estar perto de branco. Estar sempre perto." A fala e o olhar enigmáticos espicaçam a minha curiosidade. Como entender seres tão diferentes? E eu, aos olhos dele, o que sou?

Depois que Tupã criou o índio, Deus criou o branco. Como a floresta, que dá paz e pão sem suor, fora confiada ao índio, Deus legou os campos ao branco. Devia rasgar a terra, confiar a semente à magia do seu ventre, irrigar o broto até amadurecer e colher o fruto. Porém, o branco planta mais do que precisa e colhe além do que o sacia. Para ele, sobra não é desperdício. Antes, trocava por coisas que não tinha. Hoje, vende ao branco da cidade, que faz carro, neon, espelho, avião, tudo menos comida. Quem não pode pagar não come.

Para ter mais sobras, o branco quer mais terras e mais braços para lavrar e colher. Ele põe negros para trabalhar sob o chicote. Negro planta muito e come pouco. Sobra mais. Insaciável, o branco ataca a floresta. Abate árvore, vende a madeira e queima tudo. Limpa terra para vender; prende ave para vender; esburaca a terra, envenena as águas para tirar ouro para vender. Branco não ama nada. Quer ter para vender. Ciridewê me olha como quem denuncia. Diz: dia que branco cruzou com índio acabou paz na floresta. O índio recusou o progresso prometido e não resistiu à violência do branco. Ele desce do palco sob aplausos e me olha altivo. Sei o fim da sua fala. Para ter mais terras, o branco expulsa o índio, mata-o ou obriga-o a viver e pensar como branco. Então, o índio revela a maldição de Tupã: se abaterem as árvores grandes, o céu vai desabar. Será o fim do mundo. E eu me pergunto: o índio sobreviverá ao branco? O branco sobreviverá ao branco?

O jovem e o mar

Da janela vejo o mar na tarde chuvosa que escurece a primavera. A linha do horizonte se desvaneceu entre o céu nublado e o mar de chumbo, o vento gelado arranca arrepios e congela as narinas. Não vislumbro nenhum ser humano na moldura à minha frente. A contemplação da vastidão me enleva num êxtase de quietude e silêncio. Não me agita nenhum pensamento, curiosidade ou expectativa. Aconchego-me a um suave sentimento de desolação e entrego-me sereno ao fascínio da natureza.

Eis que um ponto escuro surge flutuando sobre a água. Não o identifico, nem vi de onde veio. Irrompeu da névoa, e agora atrai minha atenção. Some e aparece segundo sobem e descem as ondas. A chuva parou, o vento persiste e o mar — bem, não chega a ser uma ressaca, mas são ondas densas, que cobririam um homem em pé. E acabo de descobrir que o ponto escuro é um homem. Fico apreensivo. É o único homem no mar, na praia, no calçadão e na pista. O que terá acontecido para estar sozinho nesse mar a essa hora? Será que vou assistir a mais um afogamento? Vi tantos nessa praia — nenhum fatal, por sorte; se está afastado, o helicóptero iça; se próximo, o salva-vidas tira, e sempre há um banhista valente pronto a se jogar n'água — que a apreensão vira medo. E com esse tempo em que nem os pássaros voam, não há tráfego aéreo, o salva-vidas, do seu posto, não o vê, e os banhistas protegem-se da chuva... Mas o que será aquilo? Ele empurra uma prancha! Ótimo, quem é do mar não enjoa. Nem se afoga.

Deve ser jovem, como são os surfistas, talvez pouco mais que um menino, que, no entanto, em pé numa casquinha onde mal cabem os pés, desliza sua elegância sobre uma superfície líquida e tortuosa, que ondula e encrespa em todas as direções, em constante agitação. Ele não singra o mar, apenas o tangencia; não o fere nem agride, flutua sobre ele; não quer domá-lo, nem descobrir seus segredos, sequer pescar seus frutos, como n'*O velho e o mar*, de Hemingway. Para se equilibrar, todo o corpo se move, inclina-se para a frente e para trás, para um lado e outro, pernas se dobram até agachar, o tronco torce e contorce, braços recortam continuamente o ar, compensando, como peso e contrapeso, a força da gravidade. Ao som dos ventos, o mar dança a sua eterna dança, e, para sobrenadar a água dançante, o surfista dança ao ritmo das águas. E dançam ambos — o homem e o mar —, cada um a seu modo, a milenar dança do homem com a natureza. Flutuando sobre a superfície da fluida água, o corpo rasga o ar fluido, sob o fluido céu: eis um solo de balé num palco que patina. Se Nijinski não parou no ar como sonhou, o surfista, em seu negro figurino emborrachado, ensaia um voo.

Marujo sem embarcação, sem armas nem proteção, enfrenta de peito aberto montanhas de água. Habitante dos grandes silêncios e das vastas solidões — o mar é cego, surdo, mudo e implacável —, a palavra lhe é ociosa; o vocabulário, supérfluo; o argumento, inútil. Seu diálogo, dança ou luta é corporal. Alça-se à crista da onda e, braços abertos como um pássaro, mergulha na vertigem de um túnel, com água no encalço. À emoção de impor-se ao mar, cavalgar as águas, recriar a mítica imagem bíblica, se junta a vitória da agilidade sobre o peso, da habilidade sobre a força. O mar encolhe-se ressentido, vai reunir forças para outra investida, larga-o na areia. Como Sísifo, ele retorna ao mar, de prancha à mão, esperando que a montanha cresça e leve-o aos píncaros para novo embate.

No silencioso embate, ele aprende que mesmo leve e frágil pode vencer se, além de ágil e inteligente, lembrar que a natureza, temperamental e imprevisível, o ignora. Aprende que é o único responsável pela sua vida, que precisa avaliar as próprias forças e contar só com elas. Aprende a ser paciente, a esperar a boa onda — sabe pegar a boa, deve saber furar a ruim. A controlar o gesto, o movimento, cada ato — todos têm consequências: ele responde por elas. Na vida, as circunstâncias mudam como as ondas, há que ser firme e saber se equilibrar. O jogo inclui surfar e afundar, ambos. Se uma onda o derruba, outra virá erguê-lo; se uma agora o ergue, outra poderá derrubá-lo.

Na serena desolação da tarde chuvosa, o altivo destemor com que o surfista se impõe ao mar, ao vento e ao tempo me restaura algo da antiga confiança no homem.

Sinistro ameaça carnaval

(*Atendendo ao telefone, voz cavernosa emergindo de longa leitura*)
— Pronto...
(Do outro lado, jovial, feminina, radiante)
— Boa-tarde!
(Lento, ecoando das catacumbas)
— 'Tarde...
(Animadíssima)
— Poderia falar com a dona Alcione Araújo?
(Tentando despachar, em ironia rotineira)
— É ela.
(Rápida, sem hesitar)
— Aqui, quem está falando é Kátia Alessandra, do banco Sfola&Scalpela, como vai a senhora?...
(Rosnado ininteligível das entranhas)
— Humgrrmm...
(Dispara em atropelada animação, sem respirar)
— Quero parabenizá-la pelo excelente relacionamento que a senhora mantém com o banco. O motivo da minha ligação, dona Alcione, é informar que a senhora foi selecionada para

participar da promoção, exclusiva para clientes especiais, que o banco está oferecendo apenas este mês. A senhora já ouviu falar do seguro de vida Tasca Antes Que Parta?
(Pigarreia, estopim aceso, troveja contido)
— Humgrrm... Não.
(Ela dispara)
— O Tasca Antes Que Parta, dona Alcione, é de extrema utilidade quando ocorre o sinistro. Não é nada agradável falar de sinistros quando tudo está bem, mas é justamente nessa hora que se devem tomar as precauções que aliviam o desespero quando o sinistro ocorre. A senhora sabe que o sinistro tarda, mas não falha, e ocorre quando menos se espera e se está mais despreparada. A senhora tem seguro de vida?
(Forçado a responder)
— Como? Não entendi. Pode repetir mais devagar?
— Desculpa, dona Alcione. *(Vaga impaciência)* Eu disse que sinistros ocorrem quando menos se espera e estamos despreparadas. A senhora tem seguro de vida?
(Com sutil ironia)
— O quê!? Se eu tenho seguro? Bem...
(Retoma, acelerada)
— Se não tem, dona Alcione, a senhora não pode perder essa promoção! É a oportunidade de garantir cobertura total para qualquer tipo de sinistro. A senhora deve acompanhar pela TV as estatísticas de sinistros com mortos, mutilados e incapacitados definitivos nas estradas! E, nessa época, os pais viajam com as crianças e são obrigados a enfrentar estradas movimentadas, esburacadas, sem sinalização, expondo a família a tragédias. Melhor nem falar dos últimos acidentes aéreos. Imagina o que têm passado as famílias das

vítimas sem seguro de vida? Pois, na promoção, a partir da zero hora de hoje a senhora terá cobertura total para qualquer sinistro de que seja vítima. A senhora aceita participar da promoção, dona Alcione?
(Dando-se conta)
— Nem pensar!
(Espantada)
— Não? Vai perder a promoção? Posso saber por quê, dona Alcione?
— Será que você ainda não notou que com essa voz eu não posso ser uma dona Alcione?
(Após curto silêncio de pasmo)
— A senhora é homem, dona Alcione!? Meu Deus!
(Tenta relevar para despachá-la)
— Liga não. Acontece. Então...
(Reanima-se)
— Mas eu gostaria de saber: por que não quer participar?
— Vou pagar por promessas futuras com dinheiro presente? Quero gastar em vida.
(Em novo ímpeto)
— Esqueci de falar na carência, dona Alcione! A senhora só vai começar a pagar em seis meses e já será beneficiada desde a zero hora de hoje!
(Irritado)
— Não sou dona Alcione! E o que eu não quero na vida é esse benefício!
(Dramática)
— E a escola das crianças, a família desamparada, sem poder cobrir os custos de um enterro à altura da senhora, dona Alcione?
(Explode)

— Eu não sou dona Alcione! Eu quero ser cremado! E não vou tratar de sinistro em pleno carnaval! Boa sorte! *(Desliga. Logo sente culpa de ter sido duro com a pobre Kátia Alessandra, que precisa ralar. Consola-se ao pensar na sinistra invasão de privacidade para vender no carnaval sinistra cobertura de sinistro)*

A busca

Ao contrário dos outros peões, que preferiam estar em suas cidades, junto às famílias, Doroteu gostava mesmo era de acampamento, trabalhar em grandes obras, na construção de usinas e estradas. Colegas diziam que tinha espírito nômade e errante, que gostava de mudar, viver aqui e acolá, sem chão nem pouso, feito gente de circo. Os mais próximos o apelidaram de Cigano.

Próximos, maneira de dizer; ninguém lhe era próximo. No alojamento, havia os que dormiam em camas vizinhas e os que puxavam terra no mesmo eito, mas ninguém sabia nada dele. Doroteu não era de falar, muito menos da sua vida — se perguntado, dizia onde nasceu, as obras em que trabalhou, e negava com lentos meneios de cabeça se tinha mulher e filhos esperando-o em casa.

Às vezes, nas noites de sábado, ia com a turma à cidade mais próxima em busca de diversão, no caminhão que a construtora cedia — para descarregar a tensão de homens confinados. Uma vez lá, apartava-se dos outros que iam à zona alegre. Sozinho, passeava a pé de olho nas moças de família: espiava o *footing* na praça, bordejava a igreja e, se houvesse, espreitava festas e quermesses. Quando havia condução, voltava no domingo, rondava a saída da missa, algum circo ou porta de cinema. Nesses passeios silenciosos, seu olhar só se desviava de uma moça para outra. Sabia o que queria, nem olhava para louras, ruivas, negras, altas e de cabelos curtos. Só prestava atenção nas morenas. De cabelos longos, então! Olhava fundo, querendo devassar-lhes a alma, arrancar-lhes as histórias pelos olhos. Morenas de cabelos longos o deixavam alvoroçado e ofegante. Passava a segui-las pelo faro, instintivamente.

Foi o que aconteceu com Vandalci — 26 anos, oito sem cortar as negras melenas —, da cidade a 26 quilômetros do acampamento. Enfeitiçado, Doroteu, que beirava os 40, não deu sossego à moça e perdeu o próprio: não pensava noutra coisa além dela. Fugia do alojamento durante a semana e pedia carona na estrada para ir vê-la. Ela, que resistia, acabou cedendo, atraída pela aventura e o encanto dos forasteiros, e, de quebra, fazia ciúme a Efigênio, seu chamego, que depois de arranjar emprego no açougue andava se achando o tal. E eis que o namoro irrompeu.

Vandalci se divertia de passear na praça de mãos dadas, namorar no banco do jardim e beijar: "Adoro beijar! É o que mais amo na vida", dizia. Preferia os molhados e criava novas posições de pescoço. Até que começou a ficar apreensiva com o tanto que ele falava em amor, família e voltar ao Piauí. A essa altura, Doroteu ardia de paixão. Encontrara, enfim, a mulher da sua vida. Vandalci era o fim de sua busca de mais de uma década pela morena de cabelos longos!

Havia 13 anos, no Piauí, estava de casamento marcado com uma morena de cabelos longos, cujo nome nunca mais pronunciara. Caprichosa, o sonho da vida da moça era casar vestida de noiva e, não tendo como comprar, preferia adiar. Doroteu foi a Teresina e comprou à prestação tecido e aviamentos do sonhado vestido, que a tia costurou. Porém, às vésperas do casamento, ela confessou aos prantos que não poderia casar com Doroteu porque amava o irmão dele, Meroveu. Antes que a dor da rejeição e a chaga da traição virassem tragédia, veio para o sul, com o vestido de noiva na mala. Fugindo da morena de cabelos longos, buscava morenas de cabelos longos como se fosse escolha.

No sábado, Doroteu acordou ansioso, saiu cedo do acampamento e encontrou com Vandalci na praça. Tímido, sem olhá-la nos olhos, deu como presente a mala de madeira e alça de corda, sussurrando algo que ela não entendeu. Ressabiada, ela abriu-a, desdobrou e ergueu o vestido de noiva. Tomada pela vertigem de confusas emoções, Vandalci não sabia o que dizer nem o que fazer. Ao ver a expressão inundada de esperança no rosto dele, sua vontade era não estar ali, e o ímpeto era de sair correndo. Mas limitou-se a dobrar o vestido e arrumá-lo de volta na mala. Depois, sem força para olhá-lo nos olhos, pousou a face no peito dele, à guisa de abraço, que ele não completou, e fugiu às pressas, sem olhar para trás. Ele suspirou, fechou a mala e partiu cabisbaixo, em passos lentos, na direção oposta — encontrei-o no acostamento, em tempo de impedir que ateasse fogo ao vestido. Se não garante a noiva, ao menos mantém o sonho vivo.

Meus mortos jazem em mim

    Hoje é dia de tatear o coração e sentir as nuances da mesma dor nos buracos e lacunas deixados pelos afetos que fizeram de mim o que sou e partiram antes da hora. É dia de revolver a memória e reencontrar suas imagens, que, imunes ao tempo, são as mesmas de antes da despedida: umas afáveis e acolhedoras, outras mansas e silenciosas, algumas alegres, iluminadas e até eufóricas, e as momentaneamente indiferentes — viviam o que lhes cabia viver, sem saber que a partida estava próxima. E assim permanecem comigo.

    Todas aquelas pessoas me amavam, e eu também as amava, como ainda amo ao lembrá-las, abraçando-as, tocando-lhes a mão, beijando-lhes o rosto, enquanto sussurramos segredos e intimidades. Não são mundos diferentes, mas tempos diferentes, que à memória aproxima e ao coração reúne. Não é apenas que me habitem: meus afetos me constituem.

    Por isso, hoje é dia de saudade. Melhor que seja essa dor silenciosa e resignada. Se gritasse, dilacerasse, lancinasse, não suportaria, nem teria como arrancá-la de dentro de mim. Muda e quieta, a saudade dos meus afetos é também saudade de mim. Da pessoa melhor que fui com eles, do que me deram em vida, do que deles herdei. O que me tornei foi na ausência deles: mais pobre, mais cético, quem sabe menos amado. Trago-os no coração como pedaços de mim, e na memória para não esquecer que são pedaços de mim. Eu sou em pedaços.

Quando o esquecimento vence a memória, os afetos que partiram começam a morrer. Sei de povos que só os dão por mortos quando seus nomes não são mais citados. Sei da mulher que um dia não conseguiu mais se lembrar do rosto da mãe. Inconformada com a ingratidão da memória, que a matara definitivamente, se desesperou e chorou o próprio abandono. A memória não lhe devolveu a falecida.

Não choro meus afetos mortos, e sou cético do nosso reencontro. Choro o que deles morre em mim, e o que de mim morre com eles. Cada partida apaga uma luz na minha vida. Aos poucos vou me apagando em vida. Em dias como hoje, a memória ilumina lacunas e buracos, de onde eles surgem como Lázaros redivivos. Sei que é obra da saudade, mas meu coração esburacado se sente consolado.

Meus mortos jazem em mim; sou um cemitério vivo dos meus afetos que partiram — e até de alguns vivos, que brincam no *playground* no meu coração —, enquanto a memória vencer o esquecimento. Enterrados longe de mim estão seus despojos, à mercê de vermes ávidos. Sorvidos e absorvidos, são húmus de novas vidas. Tudo que resta deles está em mim. E invertem-se os papéis: sou o que fizeram de mim, agora eles serão o que eu fizer deles. O coração e a memória os mantêm vivos sem custo nem esforço. O amor, provisório entre os vivos, é eterno para os mortos.

Sem flores, sem velas nem lágrimas, hoje é dia de revolver a memória e, com o meu amor sem resposta e a saudade sem fim, visitar os mortos que jazem em mim. Eles não vão ressuscitar, e nada vai mudar, mas meu coração esburacado vai se sentir consolado.

Sherazade espantada

Hoje: primeiro dia da semana, primeiro dia do mês, último mês do ano. O tempo pula muros, empurra portas e janelas, penetra nas frestas, enfia-se em gretas. O ano passou zunindo sem que me desse conta, e vai se desvanecendo na poeira! Entre a lembrança do vivido, que olha para trás, e a esperança em incertezas, ao olhar para a frente, encurta-se o presente, que foge num relance. Para alongar o tempo, Sherazade contava longas histórias; quem sabe não se pode driblá-lo com contos breves, leves, serelepes que, de moto-contínuo, vão e voltam, saltam e dão cambalhotas. Só depende de um pouquinho de criatividade.

Porém, o educador inglês Ken Robinson diz que perdemos a criatividade pelo medo de errar, medo que as crianças não têm. Convicto de que o medo nos toma com a constante exigência de certezas na escola, no trabalho, na vida, e de que quem tem medo de errar nunca terá uma ideia original — e hoje o mundo exige constante inovação —, propõe uma escola que estimule a criatividade das crianças mais do que a própria alfabetização. Dá exemplo da criatividade infantil: a professora vê a garotinha de 6 anos rabiscando quieta no fundo da classe e pergunta o que está desenhando: "O retrato de Deus", ela responde. "De Deus?", reage a mestra. "Nunca ninguém O viu, querida. O mundo não sabe como é o rosto de Deus!" E a criança, desenhando: "Num minuto vai saber."

A ousadia e o atrevimento espontâneos deslancham a criatividade, ao passo que a inocência — assim como a ignorância — estimula a audácia. Como o cara que disse: "Não sabia que era impossível, então fui lá e fiz!" O conhecimento vai abrir horizontes, não inibir a criação. Mas a escola é criativa para amedrontar.

Aos 11 anos, inteligente, sensível e estudioso, o filho do casal amigo é aluno exemplar. Sabe-se lá por que, um dia não cumpriu a tarefa de casa: não levou a crônica de que mais gostava para ler em classe. Aflitos, ele e outros negligentes acudiram-se no computador da escola, imprimindo textos disponíveis na internet.

Na aula, chegada a sua vez, repetiu o ritual: diante da classe, leu, pela primeira vez, o texto que lhe coube: "Dar não é fazer amor". A professora virou-se, atenta, ele seguiu: "Luis Fernando Verissimo". Respirou, e atacou: "Fazer amor é lindo, é sublime, é encantado, é esplêndido. Mas dar é bom pra cacete!" Num pulo, a professora tomou-lhe o papel: "Para, Luís Henrique! Para imediatamente! É essa a crônica de que você mais gosta? Além de horrível, não é adequada para a quarta série! Pode sentar. Depois, conversamos!" Atônito, vermelho de vergonha, ele obedeceu, enquanto a turma baixava a cabeça, escondia o rosto para rir — menos os outros negligentes, lendo aflitos os textos, a ver se leriam ou não lá na frente. Claro que o texto não é do Verissimo —

o genial cronista aparece como autor das maiores sandices que anônimos escrevem e jogam na internet.

Embora não a tenha confessado, o garoto não ficou alheio à própria falta. Aflito para achar saída, tentou ludibriar — o que, no Brasil, ora significa macunaímica criatividade, ora maquiavélico desvio de caráter. Agiu pelo medo da punição, quase sempre imposta por regras nada criativas, que educam como iguais seres distintos. Deve ter aprendido a lição — nessa idade, tiro na autoestima fere fundo! —, tomara que continue fazendo as tarefas não por obediência, mas pelo compromisso e pela curiosidade de descobrir. Se o medo de errar castra a criatividade, o medo do castigo rouba o prazer de aprender.

Mais o tempo se acumula em mim, mais veloz ele passa. Entre a lembrança que olha para trás e a esperança que olha para a frente, o ano passou zunindo e vai se desvanecendo na poeira, enquanto eu, que não sou educador, perco o que resta do presente falando de educação — talvez esteja regredindo à infância. Ou virei uma Sherazade espantada, querendo driblar o tempo com histórias rápidas, leves, serelepes que vão e voltam, saltam e dão cambalhotas.

Vícios pessoais, virtudes estatais

Desde a infância, e até mais tarde, depois da adolescência, as famílias cerravam fileiras no combate aos vícios que ameaçavam a educação dos filhos, profanavam a moral familiar e manchavam a formação do caráter. Citados juntos, eram os três cavaleiros do apocalipse: o fumo, a bebida e o jogo. Famílias tradicionais incluíam um quarto: mulheres — as ditas perdidas, que fique bem entendido. Os três (ou quatro) viviam na porta dos fundos da conduta aceitável, limiar da vida boêmia, desonra última. Quem cruzasse a porta era banido; se parente, renegado. Nós, porém, lhes dávamos a aura de estimados bon-vivants, alegres e divertidos, o que eram de fato, além do fascínio por zanzarem pelos jardins e labirintos proibidos.

Ali pelos 15 anos, os cuidados se amiudavam. Qualquer suspeita, e lá vinham os interrogatórios: onde esteve, com quem, filho de quem, fazendo o quê, a que horas voltou. Avaliava-se o hálito, cheiravam-se roupas, revistavam-se bolsos. Logo nem precisava suspeita: as blitze viravam rotina, e a obediência mandava calar.

Passa o tempo, gira o mundo, mudam as modas. Somos mais livres, as famílias mais liberais, a educação mais complacente, a sociedade mais permissiva; preconceitos foram inibidos, ameaças se multiplicaram, instalou-se a insegurança num mundo que encolheu, ficou mais complexo e incontrolável. A moral tradicional vaga atônita, sem modelo nem referência. O quarto vício — as ditas perdidas — foge do gueto de luz lilás para o brilho fashion da garota de programa, livre para fazer *trottoir* e baralhar a família como profissional do sexo, categoria legalizada pelo Estado, com direitos, aposentadoria e sindicato de classe.

Decreto presidencial do marechal Dutra proibiu o jogo em 1946 para proteger a família das roletas e bacarás. Fechados os cassinos, o vício ficou clandestino, vira e mexe a polícia estoura uma banca — exceto as loterias, exploradas pelo Estado. Com ardiloso apoio ao esporte, voltaram à legalidade sob o nome de bingo, para alegria de avós, mães e aposentados. Mas, acusados de ligação com o crime organizado, estão fechados. Na Câmara dos Deputados há mais de cem projetos para reabri-los. O Estado legalizará esse vício, desde que se paguem os impostos.

Mesmo pagando altos valores, contudo, o fumo foi amaldiçoado como a lepra bíblica de uma sociedade que descobre a saúde. Discriminados, fumantes são isolados nos guetos e jaulas dos ambientes coletivos. Se não há fumódromos, costeiam janelas abertas, refugiam-se nas calçadas, trancam-se em banheiros, abanando aflitos a fumaça empestada. Expostos à execração pública, são acusados de contagiar os não fumantes e responsabilizados pelos gastos com o tratamento dos males que o fumo produz, bastantes para construir dois hospitais ao ano. São Paulo proibiu o fumo em espaços públicos. Com 81 por cento de aprovação popular, poderá proibir em qualquer lugar: ainda restam os viciados na vida privada.

Uma lei proibindo dirigir veículos após beber era necessária numa sociedade obcecada por velocidade e tecnologia, que faz do carro afirmação simbólica de poder e, sem distinguir delírio de embriaguez, expõe todos à insânia. Em vigor, reduziu acidentes de trânsito, mortos, feridos e gastos com atendimento das vítimas. Pelo andar da carruagem — beba ou não o cocheiro —, logo surgirão cifras reais e argumentos plausíveis para estendê-la à proibição total do álcool face à expansão dos viciados e dos custos para tratar o alcoolismo e males decorrentes.

Eis que vícios individuais, que as famílias combatiam para educar os filhos, agora legitimados, legalizados e tributados, tornaram-se virtudes de Estado.

O decote

Vencidos os embaraços da adolescência, admito que há um privilégio residual em ter-se nome anfíbio, que serve a homens e mulheres, como o meu. Tenho à mão deliciosa prova material da regalia: bela edição ilustrada em cores de volume sobre... hum... bem, se não for sobre seios — que não creio alguém faria, senão destinado a desenhistas ou estudiosos de anatomia, o que também não creio — deve ser sobre o sutiã, de onde saltam poderosos interesses industriais, ou sobre lingerie... superior — é esse o nome, meninas? Ignoro como entrei na lista de agraciados; mas é fácil imaginar uma opção: com esse nome, tem peito! Outras foram estilista, editor de moda e sei lá eu. Não importa: por linhas tortas, fez-se justiça. Minha ignorância sobre o tema só é menor que a curiosidade — apetite seria mais exato. E o engano corrige uma lacuna. Ao chamá-lo decote, sempre uma promessa de revelação, situo aquela parte do corpo — colo, seios, ombros, costas —, mantendo acesa a sutil excitação, intelectual, bem entendida, com que o li.

Em qualquer época e cultura, o seio sempre foi deleite para o homem. Recém-nascidos, sugamos vorazes o sumo vital, a Via Láctea que nos prepara para a via-crúcis. Nossa saudável fixação na infância induz à sôfrega busca do seio materno em outras mulheres, que, cientes disso, usam os seios, que são eróticos sem serem sexuais, como objeto de sedução. Infantilizados, rastejamos no bloco Mamãe eu quero, enquanto elas tripudiam de nossas carências com o jogo de esconde-mostra, que a moda — aparência atual dos desejos de sempre — tomou como mote. Nosso olhar, órfão, míope e desorientado, elas conduzem para onde querem: a cada época ocultam pudicamente uma parte do corpo e desnudam despudoradamente outra, que se torna o epicentro dos estremecimentos masculinos. Erguem a saia de míni a micro; prestes à nudez, invertem a direção: arriam a cintura e criam, virilha acima, um oásis de tentação, às vezes decorado com irresistíveis tatuagens. Já os decotes vão mais fundo, devido, talvez, ao acesso por cima. Decotes são armas, mais ou menos dissimuladas, de mostrar os seios. Ou o cânion. Ou o colo. Ou os ombros. Ou as costas — resistir, quem há de, a essa montanha-russa de emoções? A parte do corpo que a cada estação nos alucina é escolhida pela moda. E quem faz a moda, diabos? Ah, se eu soubesse corte e costura!

    Divaguei e esqueci o tal opúsculo. Diz ele que mulheres da ilha de Creta preferiam seios entrevistos na blusa entreaberta, que os soerguia — esculturas arqueológicas como a *Deusa das Serpentes* o confirmam. Afrescos de Karnac mostram egípcias com túnicas justíssimas, que ressaltam os seios. Gregas e romanas cobriam os seios... com tecidos transparentes. No século XVI, Rubens pintou

Isabel Brant vestida de negro: o profundo decote desnudava pomposos seios. Já no retrato de Mme. de Senonnes, Ingres disfarça com transparências a vasta abertura. Melões saltados não faltam às alegres moçoilas de Toulouse Lautrec. Com o espartilho, que esmaga a carne para impor a forma, arma-se o peitoril que serve de parapeito onde debruça o peitoral. No peito, Hollywood impôs a beleza peituda — Lana Turner, Jane Russel, Elizabeth Taylor, Rita Hayworth, Marilyn Monroe. Europeias aceitaram sem peitar: Lollobrigida, Sophia Loren, Brigitte Bardot. E tome sutiãs armados, acolchoados, emborrachados. A certa altura, alguém — quem faz a moda, diabos? — decidiu que a mulher moderna, ágil, executiva, decidida, só é bela com seios... pequenos! Para compensar, quando o feminismo furibundo atacou, foi fácil para as despeitadas jogar sutiãs na fogueira — optaram por rendas e transparências. As outras tiveram que encarar a lei da gravidade. Haja ciência!

Aprendi que o decote em V induz o olhar do voyeur para a vertical, torna a mulher esbelta, alonga o pescoço, estreita os ombros: para seios firmes e separados. Decote nas costas ressalta o dorso, compensa bumbum pequeno, mas exige lingerie adequada. Tomara que caia realça os ombros nus. Com sutiã estruturado, valoriza os seios. A frente única reúne no centro o volume da dupla, disfarça os flácidos, ressalta os firmes. O autor conhece engenharia, cálculo estrutural, arquitetura, geometria dos sólidos, tecnologia de ponta.

Finda a instrutiva leitura, escolhi, entre banhistas que saíam da praia, o biquíni mais ousado, e a ofereci de presente. Embora atraída, ela estranhou: "Por que eu?" Expliquei, já como especialista em seios, que lhe seria mais útil — de mulher só tenho o nome e essa curiosidade insaciável. Ressabiada, ela levou. Um dia saberei por que, diabos, fiz isso.

Se acaso o seu olhar...

Se acaso o seu olhar cruzar com o de alguém e você sentir que o coração parou, que o mundo à sua volta se desvaneceu e que estrelas coloridas giram no ar, prepare o corpo e o espírito. Você pode estar tanto entrando em êxtase quanto saltando num abismo. Mas não tenha medo, nem fantasie que vai encontrar Deus ou o diabo. É preciso, sim, atenção: não tire os olhos daqueles olhos.

Esqueça o tremor das pernas, o suor frio que escorre nas costas, esqueça as estrelas no ar e os olhares pasmos com a luz que brilha na sua retina — esqueça tudo. Mas, por favor, não afaste os olhos daqueles olhos. Você pode estar prestes a viver a mais inexplicável emoção humana. Se ainda não intuiu o que sente, eu digo: esse coração parado no peito, a garganta que queima de tão seca e as pernas bambas podem anunciar os estremecimentos da paixão súbita.

Mantenha aqueles olhos nos seus. É necessário, indispensável, urgente. Não deixe que se desviem nem por um instante. Desvios são o inferno — nos desvios se descobrem outras paisagens, outros mundos e, Deus meu!, outros olhares. Não esqueça, nem se descuide. Atraque aqueles olhos aos seus até que desistam de olhar para o lado. Se, ainda assim, eles ameaçarem fazê-lo — ai, meu Cristo! —, concentre-se, reúna todas as suas forças e transforme-as num campo magnético tão avassalador que prenda aqueles olhos nos seus, imobilizando-os de maneira que só pisquem quando os seus piscarem e só brilhem se os seus brilharem. É necessário.

E não se distraia. Se acontecer de aqueles olhos ficarem úmidos, é porque o milagre aconteceu. Você recebeu um presente dos deuses: a paixão súbita. Aqueles olhos podem ser de alguém que você não conhece, que nunca viu, mas que poderá se tornar uma pessoa que você jamais esquecerá — embora nunca se saiba o desfecho da paixão súbita. Aposte no aqui e agora: não deixe aquele olhar escapar.

O aflitivo, o angustiante e terrível, é que tudo acontece — aqueles olhos ardentes invadindo você com turbulências dignas de montanha-russa, revolvendo tudo por dentro — em menos de um segundo, menos de um instante. Na fração de um átimo, vidas podem ser radicalmente reviradas de dentro para fora, ao direito e avesso — que tempo é esse tão breve, capaz de mudanças irreversíveis e promessas duradouras? Infinitésimo de tempo, infinitas emoções — segure aqueles olhos nos seus! É a chance de saber o que não se explica — quem garante que se repita? No cassino da paixão súbita, sorteado não faz jogo, aposta tudo! Há quem hesite entre desistir e continuar; mas, por favor, na dúvida, não tire os olhos daquele olhar.

Se o tempo curto aflige, o momento inesperado atordoa. O olhar devassador, esperado na fantasia dos sonhos, esperado com elegância e sensualidade estudadas em jantares e bailes, súbito encontra o seu olhar justo no ônibus que parte, na casual saída do toalete, na troca do pneu, seja com barba por fazer ou maquiagem borrada. Se estiver assim, segure aqueles olhos nos seus — talvez não vejam nada além dos olhos. E, se virem os pés descalços ou o pijama, vão adorar sua descontração. Burra, cega, mal-educada e cruel, a paixão súbita irrompe sem referências nem avisos e atira suas presas às vicissitudes do inesperado — quando não surpreende corações inocentes que, habituados ao frio, não sentem o calor da chama acesa num olhar. Hipnotize aqueles olhos, prenda-os aos seus, algeme-os se for preciso. Aquele olhar pode ser de alguém que você espera desde que nasceu.

Mas, se sentir que aqueles olhos estão se afastando, que você não tem mais força para detê-los e que a perda começa a lhe doer no peito e que seus olhos vão se fechando resignados, você está de fato deixando escapar a paixão que lhe caiu do céu. Reaja, abra os olhos, faça-os gritar para aquele par de olhos voltar, e devore-o com o olhar. Se, porém, ele escapar, console-se: seu coração não parou em vão, nem luziram em vão as estrelas naquele instante. Eternizada em você, a luz daquele olhar vai iluminar as sombras que a vida acumular no seu coração.

Mas esteja atento, se acaso o seu olhar...

Dramaturgia e analfabetismo funcional

Boa parte dos candidatos aos cursos ditos superiores reconhece as letras do alfabeto, as palavras, vírgulas, até frases; diz-se que sabe ler um parágrafo de texto simples. Estranhamente, porém, não entende o que lê. É até aflitivo explicar o problema ao pensar que o idioma, esplendor da comunicação possível, cria tal isolamento mental. Diz-se que a vítima é incapaz de repetir, com fala própria, um singelo conteúdo. Lê e não entende — eis o chamado analfabetismo funcional. É como se você não tivesse entendido o que leu acima, inconcebível colapso no pensamento de alguém que, diz-se, sabe ler!

Cético de que autoridades queiram resolver a questão — escolarização analfabeta é versão maquiada do velho analfabetismo absoluto, que frustra a cidadania e os avanços sociais –, sugiro aos educadores o uso da dramaturgia como aliada nessa luta. E ela sai na frente: a moçada se liga nas narrativas dramáticas: quadrinhos, cinema — na telona, TV ou DVD —, telenovela e a mais antiga delas, o teatro.

Base literária da expressão teatral, a dramaturgia está ausente da formação de professores, nos cursos de letras, assim como dos ensinos fundamental e médio. Ignora-se poderosa forma de representar e interpretar o homem e a sociedade e, posso assegurar, eficiente arma contra o fantasma do analfabetismo funcional.

A superação do problema sugere deter-se a cada frase, cada palavra, e avaliar a percepção, passo a passo. A leitura em voz alta de peças teatrais leva, de forma espontânea e lúdica, a compreender o que se lê caso se entenda o que acontece na cena. Ao ler em grupo, cada um as falas de uma personagem, nota-se o quanto o diálogo teatral oculta intencionalmente informações das circunstâncias em que as personagens estão metidas, as necessidades, razões e emoções que as levam a agir. Entende-se a protagonista, seus sonhos e desejos, as antagonistas, que se opõem à realização desses sonhos e desejos porque querem realizar seus próprios sonhos e desejos. Assim, entende-se o que é dito e, como na vida real, o que não pode ser dito, sabe-se de quem se está falando, e o que se passa nas relações entre as personagens. Eis a mágica: saltou-se do sinal gráfico da escrita para a ação e seu sentido. Apreendeu-se a intenção e o gesto da palavra escrita!

O teatro pensa as situações humanas pela imitação do comportamento em ações concretas. A essência é o conflito entre personagens, cada qual com boas razões para ser como é e agir como age. A dramaturgia não idealiza o homem, prefere expor sua diversidade e a divergência dos seus interesses. Entender as razões que levam o antagonista a agir é descobrir a alteridade — o outro, seus sonhos, desejos, singularidades e direitos — na vida real. O teatro possibilita acumular vivências do que não se viveu, e talvez não se viverá. E se humanizar com elas.

A inevitável diversidade e inexorável divergência exigem normas de convivência social e impõem valores para a vida. Daí a dramaturgia ser processo cognitivo e meio de filosofar em termos concretos. Sua ambição é a percepção da natureza da existência, a renovação das forças do indivíduo e a conscientização para enfrentar o mundo. As crianças podem experimentar funções que desempenharão na vida adulta — o que sociólogos chamam de internalização dos papéis sociais.

A encenação teatral é atividade de grupo, destinada ao coletivo. Diretor, atores, atrizes, cenógrafos, figurinistas, iluminadores etc., e público — é indispensável que cada um faça a sua parte, e que as partes atuem em harmonia, para que o espetáculo aconteça. Esta é a mais social e socializada das expressões artísticas.

Além de criar, reforçar e renovar o prazer pela leitura, a peça teatral instiga a curiosidade, mantém a expectativa e estimula a imaginação a antever as ações. Ler uma peça teatral em grupo é tarefa que se basta a si própria, independentemente da representação, pois dinamiza os processos mentais, como ocorre em qualquer outra leitura. Vencido o analfabetismo funcional por meio da dramaturgia, abrem-se as demais portas de encantamento do mundo pela palavra escrita.

Sexo é banal, amor é transcendental

Numa imprevisível curva do vento, a vida íntima a inesperado papo — em silêncio e no escuro, ausculta a afetividade, subjetiva relação com os seres e o mundo, na moldura do tempo que foi e do que resta. Criação da cultura, o amor adensou a relação com o outro, tornando-se um mistério na vida humana, como o nascimento, a morte, a fé e o sonho. Ninguém é comparável a outros senão àquele que possa ser — não importa aonde se chegou, e sim para onde se vai. No papo, a consciência observa se o ingênuo coração está ofuscado por faróis externos, lembrando-o que é interior a luz no olhar do feliz. E que somos os únicos responsáveis por nós mesmos. Maturidade é mais o que se aprende no inverno do que o número de suaves primaveras.

Todo instante de felicidade é feito de emoções secretas — o visível é transbordamento de intimidade. Daí valer menos o que se tem na vida — o público — do que o que se tem da vida — o íntimo. Família é legado compulsório, que não escolhemos — a convivência cria laços, não necessariamente afetos. Os amigos são a família escolhida; leva tempo arar a terra que fecunda afeição e confiança.

Falo de amigo — homem ou mulher — de todas as horas e que, solicitado, diz a verdade que não queremos ouvir; e que, mesmo inconsequente, é fiel e confiável. Amizade inclui posse, ciúme e sedução, não exclusividade — um alívio! Vinícius dizia que mudava de mulher, não de amigos. E não se muda de amigos se compreendermos que os amigos mudam. Como mudamos nós. O melhor amigo magoa vez ou outra; há queixas, raiva e brigas, mas, sendo amigo, perdoa-se. Mais que presença, amizade é atenção — cresce a distância —, conversas, trocas, confissões, bate-bocas e — por que não? — silêncios: lamentados e reclamados com mais palavras que reafirmam a amizade. Ter e ser amigo dá trabalho; um descuido basta para estremecer a amizade — no qual dissemos, ou não dissemos, o que nos arrependeremos para sempre. Daí os cuidados que cercam a amizade. Morre-se um pouco quando um amigo parte. De amigo se despede com palavras amorosas — podem ser as últimas que ouvirá.

Quintessência da amizade, o amor é essencial à vida. Que se amem as mulheres com volúpia, delírio e ternura; e amando, é desejável ser amado — ideal se pela mesma pessoa. Mas a vida não é justa; coincidências são acasos e reciprocidades, milagres. Se não for amado, ou não pela mesma pessoa, que seja leve a dor de esquecer; e, uma vez esquecida, não deixe ressentimentos. Sempre se aprende a conviver com perdas.

Amar uma mulher é plenitude que não se compara, prazer que não se explica, arte que não se ensina. Mas quem viveu quer repetir. Diz o poeta que amar se aprende amando — mas não no vendaval das transformações femininas.

Dona do seu destino, liberada e autônoma, a mulher, que a maternidade fizera o ser-do-amor, se apropriou do discurso amoroso, desqualificando com justiça, mas nem sempre com justeza, a anacrônica visão machista. Do seu novo lugar, ela propõe normas para a relação: direitos iguais, respeito, autonomia etc. Aturdidos, os homens se resignam. Todavia... Devota fervorosa do corpo, fonte de autoestima, meio de afirmação e objeto de sedução, ela quer ser admirada pelo andar sensual, a elegância ao cruzar as pernas, a altivez dos seios, o brilho dos olhos, o encanto do sorriso. Quer, enfim, que se deseje cada curva do seu corpo — que jamais foi tão exposto e festejado! Porém, se seu corpo é tratado como sugere, sente-se vulgar. Escrava do corpo, não quer ser amada pelo físico, quer também o amor metafísico. Hoje, para amá-la há que aderir ao mundo fashion, destacar seu olhar feminino, sua cultura, inteligência, intuição, perspicácia, deliciar-se com o que diz de cada minuto do seu dia, trocar o costume machista de conquistar muitas mulheres pelo bom gosto de cativá-la várias vezes a cada dia; não atrasar e saber esperar, abrir portas...

Atônitos, os homens estão inseguros. Assediados pela dadivosa oferta sexual, atiram-se sem pudores nem obrigações aos braços das ficantes, amantes, liberadas, coloridas e garotas de programa em instintiva euforia. Presente ou não à festa, vasto coro de mulheres queixa-se da solidão; com eco em alguns homens. Irreversíveis, as tardias conquistas femininas induzem o lento avanço dos homens. Porém, tem sabor de decepção o primado do sexo sobre o amor. E não cabe discussão quanto às insubstituíveis delícias do sexo. Porém, como diz García Márquez, o sexo é o consolo quando o amor não vem. Embora quintessência do prazer, o sexo é banal — se vende, se compra, se troca e se dá. Já o amor é transcendental — floresce livre na atmosfera rarefeita e misteriosa dos nossos recônditos.

Papo cabeça

No banco duplo da praça, de costas para três caras jovens, sendo dois caras garotos e uma cara garota, que conversam animadamente, sem saber que, atrás deles, o cronista enxerido está tão interessado que até faz anotações na última página do livro que finge ler. Divertidos e alegres, os três, na faixa de 13 a, talvez, 16, tão espertos e informados, que, para mantê-los à vista, o abusado enxerido senta-se acintosamente de lado. Irreverentes e inquietos, mais surpresos que admirados, trocam os ágeis diálogos ao mesmo tempo em que sentam, levantam, sobem e descem do banco, cantarolam balançando o corpo, amarram o tênis, ela prende e solta o cabelo, limpa os óculos etc.

"Primeiro aquela pá mecânica cavou uns buracos no chão lá de Marte", diz o cara mais novo, "depois, o braço robótico desgrudou da sonda e foi entrando no buraco. Tshtshtshtsh... De repente parou tudo, cara!" Ela aproveita a pausa de respiração e antecipa, vitoriosa: "Bateu na camada de gelo!" Ele continua, sem permitir que ela roube a glória da surpresa: "Topou com um troço duro que nem pedra... Pá, pá, pá, dava porrada e nada. Era o gelo, e aí? Gelo em

Marte, cara!" O cara mais velho intui a extensão da revelação: "Caraca!" "Sacou?", adverte o mais novo. Após breve pausa, o mais velho faz a metafísica pergunta, que pode ser tudo e ser nada: "E aí?" Eles se entreolham: "Tem água em Marte, cara!", exalta o mais novo. Ela ataca, conclusiva: "Se liga, cara! Se tem água, tem vida!"

"*Pode* ter, cara!", corrige o mais velho, "*pode.*" "Tudo bem, não é certeza, mas tem condições", ela diz. O mais novo acha que o outro não deu a importância devida: "Sacou, cara?" O mais velho: "Eu disse que *pode* ter água líquida, cara! A Phoenix pousou no polo norte de Marte, lá a pressão é de 0,6 por cento da pressão atmosférica na superfície da Terra! E a temperatura, de −60°C! Não tem água líquida, pô! É gelo ou vapor, cara! Sem essa de vida em Marte, mané!"

"Qualé, cara!", a cara reage. "Se tem gelo, tem água! Gelo e vapor são água nas condições do polo norte de Marte! Com certeza! No polo sul, mais perto do Sol, tem água líquida!" O mais novo ouve assustado, mas cúmplice da sua certeza. E ela: "Em 1999 a sonda Mars Global Surveyor fez fotos de Marte, agora a Phoenix fez outras. Os caras descobriram lençóis d'água subterrâneos! O gelo da superfície é que não deixa a água subir." Ambos a encaram surpresos. Até o cronista perde o que restava de pudor e vira-se para ela. O cara mais novo pisca acelerado; o outro coça a barba rala. Se restava preconceito sobre a inteligência da loura — esqueci de dizer que a cara é loura —, morreu ali.

"Saquei por que a Phoenix só vai voltar em setembro", conclui o cara mais velho. Ela acrescenta: "A missão mudou, cara. Não vai mais procurar água. Agora, vai cavar trincheiras e explorar as condições pra um dia ter existido vida em Marte, mesmo que microbiana." Após a pausa em que reconhece a vitória da loura, o mais novo filosofa profundo: "Cara, já pensou?! De repente, puft: um marciano!" Estatelam-se no banco e afundam em silêncio; ela limpa os óculos. Devaneiam sobre marcianos — o cronista sabe porque também devaneou sobre a reação na Terra se, depois de tanta *science fiction*, provarem que houve vida em Marte, ou que há condições para alguma forma de vida em outro planeta. Lembrou-se de Galileu, Giordano Bruno... Até o mais velho decidir: "Cara, água em Marte é do cacete! Maior descoberta da ciência!" Ela repõe os óculos: "Cara, toda noite fico na ınternet catando o que ler de arqueologia em Marte. Sabe, a maior alegria da minha vida vai ser o dia que topar com um marciano. Vou me apaixonar, cara!"

O mais novo assusta-se: "Caraca!" Olha para o mais velho, que sussurra: "A gata extrapolou, cara!" A trinca explode em gargalhadas, francas e frouxas. A alegria traz de volta à Terra as três inquietas e divertidas caras.

Eu bem que avisei

No aeroporto, o casal chega esbaforido ao balcão da empresa, o embarque já encerrado. Aturdida, ela faz perguntas, cogita hipóteses, parece sentir-se culpada pelo atraso. Em vão: o avião já decolou. Desapontada, ela o olha com olhos que pedem perdão. Implacável, ele sentencia: "Eu bem que avisei!", com ênfase em *bem*.

A inapelável sentença me tocou. Perdi a conta, nesta minha vida desatenta e desastrada, das vezes que também fui atingido por um *Eu bem que avisei*! Em todas elas, da infância à maturidade, além de ser o errado, devidamente punido pela sorte, também fui considerado o arrogante, que não deu ouvido aos avisos, o desobediente, o avoado e o afoito.

Cair da bicicleta por infantil imprudência, reerguer-se assustado, envergonhado, escoriado — quem sabe diante da precoce revelação metafísica de que brincar, assim como viver, inclui riscos — e, antes mesmo que possa recuperar do impacto, ser fuzilado por um *Eu bem que avisei!* sobrepõe humilhação e culpa à angústia. Nunca entendi essa punição adicional, que ecoava pelos meus recônditos em tremores de indignação, impotência e autopiedade. Resta a dupla culpa: cair da bicicleta, danificá-la e ferir-se é uma. Esquecer o aviso ou desobedecê-lo, outra. Nas minhas fulgurações turbulentas, *Eu bem que avisei!* é Moisés tonitruando do alto do Sinai, com o indicador apontando as Tábuas da Lei e um olhar duro sobre mim. Eis que ouvir naquele balcão um *Eu bem que avisei!* dito à suposta culpada pelo atraso me fez mergulhar em mim, rever meu passado, ser varrido pela sucessão de imagens e perceber, enfim, que algumas palavras carregam emoções que ecoam na memória e vibram no corpo.

O que levaria alguém — quase sempre mais velho, mais experiente, enfim, com ascendência sobre o outro — a dizer "Eu bem que avisei!" depois de acontecido o desastre, quando já não adianta avisar tampouco lembrar que avisou? A intenção oculta pode ser a afirmação do poder de quem fala por meio de suposta sabedoria profética — *Sabia que ia dar nisso!* — que foi ignorada ou desobedecida — *Eu avisei que não podia ter furo, vacilou, dançou!* Ou como uma forma de desqualificar ainda mais quem já falhou: *Esse verme não acerta uma!* Pode ser também para tripudiar de quem se deu mal, fazendo crescer a insegurança, o medo e o sentimento de fracasso por ter ousado agir com norma própria, à revelia da autoridade. Medo e fracasso jogam a autoestima no pé e induzem à obediência. Inclua em todas essas hipóteses o prazer sádico no riso triunfante de quem diz: *Eu bem que avisei!*

A expressão tem variações de forma, não do poder de fogo. Às vezes, vem com roupagem vaporosa e leve: "Eu não disse?" ou "Viu?" ou ainda: "Eu falei!" ou ameaçadora:

"Avisar, eu avisei!" Algumas exigem que o próprio desastrado confirme: "Eu não avisei? Avisei ou não avisei?" Outras, maquiadas de leveza, podem ser tão aflitivas que deixam o desastrado entalado: "Eu falei, você não ouviu... E agora?" Que dizer do futuro que virá desse presente? E o que responder se, diante dos escombros, perguntam: "Viu a m... que você fez?"

Voltando ao casal do aeroporto, quando, ao olhar de perdão dela, ele reagiu com um *Eu bem que avisei!*, ela se retesou, enfunou o peito e ergueu a cabeça. O mesmo rosto em que antes se desenhara a culpa foi se transfigurando. A testa se franziu, o olhar esfriou turvo, as maçãs tremularam e enrubesceram e logo, sobre aquela mesma pele, foi se esculpindo a máscara de raiva, ressentimento, dor. Num desabafo, explodiu: "Avisou o quê? Me diz o que foi que você avisou! Eu não me atrasei. Não põe a culpa em mim! E sabe do que mais? Eu não quero viajar com você! Eu não vou pra lugar algum! Vai você sozinho!" Curvou-se ao girar, colheu a bolsa e se afastou pisando firme. Com um sorriso amarelo grampeado nos lábios, ele buscou cumplicidade no meu olhar — achou confusão míope, igual à que, sem miopia, paralisou a funcionária do balcão. Adiante, ela parou, virou-se e falou com intenção que me escapou, podia tanto ser ironia como advertência: "Eu bem que avisei!"

Entenda, por favor, que não é o meu desejo, mas se você que me lê vier a errar, falhar ou fracassar — possibilidade remotíssima, bem sei — e ouvir um *Eu bem que avisei!*, lembre-se: eu bem que avisei!

Se eu te amar, toma cuidado

A moça da livraria não se devota apenas à mera venda de livros. Sabe cada lançamento, de cada editora, nativa e estrangeira, conhece os interesses e idiossincrasias de cada cliente e tem intensa familiaridade com o inefável conteúdo dos livros. Embora atenda por telefone e e-mail; para mim, comprar livros é prazer vivo, com imagens, tato, cheiro e, no caso dela, boa conversa.

Sua passagem de vendedora a leitora não surge de amor pelas letras, como é comum — mas de lacuna amorosa. Carente crônica, sente-se uma menina de rua do coração: falta-lhe tudo e ainda é refém da própria liberdade. Fez malabarismos nas esquinas da vida e ninguém lhe piscou o farol nem doou a moeda de troca afetiva. À falta de homem real, à altura do seu querer, sente-se a esquecida do amor, a abandonada dos homens, e, numa sublimação radical, apaixona-se por personagens de ficção, num percurso que faz da ficção ganha-pão e do ganha-pão, paixão. E diz: "Quem lê não sente solidão."

Eis que, súbito, a paixão irrompe na sua vida, arrombando portas e forçando janelas. Arrebatadora como tempestade, sacode, balança, gira feito pião, ao som de trovões, à luz de relâmpagos. Surpresa e embevecida, convicta de que vida não se economiza, atira-se eufórica ao incêndio e se deixa queimar com a alegria dos que têm o coração esperançoso. Viveu a aventura do um-para-o-outro, do dois-em-um, sem hora nem lugar, num frenesi sem trégua. Feliz, passou a se sentir a eleita, a escolhida de um homem.

Em *Carmen*, de Bizet, a mais popular das óperas, a protagonista tira a flor do cabelo, joga-a aos pés de Don José e canta: "*Et si je t'aime, prends garde à toi*" — "E se eu te amar, toma cuidado!" À provocante atitude seguem-se as palavras de advertência, sempre esquecidas na explosão da paixão. Assim como não há pessoas iguais, desiguais não amam de forma igual: cada qual ama à sua maneira, cada par cria seu jeito, sem regras nem modelos.

Cegos aos riscos, homens e mulheres dedicam-se ao encantamento da sedução. Assim como há homens que, como zangões, veem em cada mulher uma flor a ser assediada até sorver o mel, há mulheres que são como abelhas: espargem o néctar afrodisíaco para saciar seu desejo, arrastando o zangão à morte. Seduz-se por esporte, diversão, lazer ou afirmação. E para qualquer objetivo: conquista amorosa, ser agradável, se enturmar, criar aliados e fãs, ascender, vender algo, pechinchar, ocupar uma vaga ou mesmo furar fila. Lá estão o sorriso simpático, o gesto amistoso, o galanteio e a retribuição — podem até ser recebidos como oferenda, mas são matizes e nuances da genuína sedução.

O carente insaciável ataca o objeto do desejo com a voracidade dos náufragos e sedentos. Cega e surda, a moça da livraria não percebeu quando ele, por palavras, gestos e atitudes, certamente advertiu: "Se eu te amar, toma cuidado!" Ela, a esquecida do amor e abandonada dos homens, tornou-se o salva-vidas e o copo d'água da sua avassaladora paixão, que a fustiga e arrebata, açoita e suga, tira-lhe o sono, o apetite e a curiosidade. Ele postou-se à frente das janelas para o mundo, impregnou o ar com seu perfume, ocupou os interstícios do seu corpo e colou seu pôster na moldura do espelho. Definhando, ela se furta de si mesma, e se dissolve nele. Sufocada pelo perfume que um dia aspirou, afoga-se nas águas do que um dia desejou.

E a vendedora de livros não sabe mais dos lançamentos, nem dos interesses e idiossincrasias dos clientes, e se afastou dos inefáveis conteúdos dos livros. Foi amada e não tomou cuidado. Ou, quem sabe, não querendo se poupar, preferiu mesmo não tomar.

Razão e emoção

A contradição é tão presente na vida que é impossível fixar o que seria a essência humana. Michel Foucault dizia que somos como a cebola, casca após casca, até um cerne de cascas, que seria a nossa oca essência. Contraditória volubilidade seria a constante mais estável. A época confirma a flutuação: usamos todos os meios para saber quem somos assim como usamos todos os meios para ocultar quem somos. Maquiagens, modas, cirurgias plásticas, silicones, marketing, *nickname* na internet e corpo perfeito de Photoshop vão na contramão de transparência, democracia, psicanálise, genoma, DNA, neurologia, célula-tronco, arqueologia, viagem espacial. Máscara e fantasia. Desmascaramento e realidade.

Fantasia ofusca a realidade: a cirurgia plástica é a negação da aparência esculpida pelo tempo, apagamento de marcas, rugas, da história pessoal. O marketing distorce o caráter da pessoa: oculta vícios e amplia virtudes. Photoshop/silicone: vaidosos autoenganos da sedução. Realidade ofusca a fantasia: psicanálise e DNA restauram a história pessoal e a radical singularidade; arqueologia e viagens espaciais revelam origem e passado comuns.

Já citei aqui verso de T. S. Eliot: "Vai, vai, vai, disse o pássaro, o gênero humano não pode suportar tanta realidade." O sensível pássaro da arte sugere a evasão na fantasia para não expor nossa fragilidade à realidade. A poderosa razão da ciência diz que ao encarar a realidade pode-se conhecê-la e transformá-la. Ambiguidade, incoerência e contradição sonham com unívoco, inequívoco e coerente?

Enquanto a razão domina o verbo, a retórica e a eloquência, fazendo da palavra não um meio de revelar a realidade mas um malabarismo para ofuscar a verdade, o prazer e a dor — a instintiva emoção, enfim —, são silenciosas por índole. Enquanto a razão se enuncia e anuncia, a emoção se cala. Até pode produzir sons, mas não palavra, lógica, coerência, diálogo inteligível. O que pode a mãe dizer do bebê morto em seus braços? O que acrescentar após o "Eu te amo"? O que responder após *ouvir* "Eu te amo"? Só depois de conter o turbulento espasmo de emoção é que o filtro da razão é capaz de selecionar as palavras de reação — sempre banais, distantes do significado do momento. Obrigadas à convivência, razão e emoção se confrontam, sem vitória nem capitulação. Os homens as criaram para nos entendermos, são constitutivas do humano, sem síntese possível. Mais que a razão ou a emoção, é a contradição que nos constitui.

Mas a truculenta realidade ameaça nossa fragilidade, cria a insegurança e o medo, que sacodem nossas dúvidas, precipitam incertezas. Para sobreviver na guerra do dia a dia, aprendemos a ser espertos — esperteza é a forma de obstruir a emoção e atiçar a vivacidade sem eira nem beira da razão que dribla as ameaças à vida. A esperteza recusa compromissos, ignora vínculos com decência e valores. Quando a razão tem argumentos para se justificar, a emoção se adapta e aparentemente silencia. O cinismo assume o leme, e, no mar de lama, navegamos sem lastro ético. O duelo final entre razão e emoção será diante do espelho da eternidade. O desfecho é tão inevitável quanto é inesperado no curtíssimo conto de Jorge Luís Borges, em tradução livre: "Um homem se propõe a tarefa de desenhar tudo o que viu no mundo. Ao longo dos anos preenche o espaço com imagens de cidades, de reinos, de montanhas, de baías, de mares, de ilhas, de peixes, de casas, de instrumentos, de astros, de cavalos e de pessoas. Pouco antes de morrer, descobre que esse paciente labirinto de traços compôs a imagem do seu próprio rosto." Nossa casa e nossa cara, nossa alma e nossa palma são sínteses da razão e emoção.

O futuro não chega nunca

Tinha por ele a afeição que se devota aos pais, mas não éramos sequer amigos — como um adolescente, ou menos que isso, poderia dizer-se amigo do pai de seus amigos? Tomado por turbulências interiores e atritos com o mundo, talvez ele nem sequer prestasse atenção em mim — ainda que queiram, meninos não mudam o voo de pássaros selvagens —, mas ficou inscrito nos meus afetos, e sua imagem permanece, indelével na minha memória.

Tenho-a agora: ele diante do fogão, virando a garrafa de café na pequena panela sobre a trempe acesa — preferia café denso, preto e amargo, esquentado a cada vez, várias vezes ao dia. Cabelos revoltos, brancos de neve, olhar intenso num rosto de vincos profundos que fora expressivo mas era agora frágil na palidez, e a boca oculta pelo hábito de sobrepor o lábio inferior ao superior. O tempo pesava e o cansaço tomava seu corpo. Após o café, sugava a fumaça de seguidos cigarros, que amarelaram dedos e escureceram dentes. Camisa surrada e calças de pijama deixavam à vista as magras pernas: a decadência física roía um espírito poderoso. Doei-lhe a admiração fervorosa e a compaixão silenciosa da minha adolescência.

A falta de formação acadêmica era compensada por curiosidade intelectual e determinação obstinada. Dedicava dias à dedução das equações de um instrumento de medidas obsoleto, a desmontar um velho rádio, trocar componentes e inventar um teletermostato. Estudou a Teoria da Relatividade e sugeriu a inclusão de uma constante "k" em determinada equação — proeza que o levou às páginas de jornal. Mencionava provas de vida em outros planetas. Cansado das regras da ortografia, cujas exceções e casos particulares atrasavam a educação, escreveu e publicou uma *Gramática racional da língua portuguesa*, com normas criadas a partir da sonoridade das sílabas. Dizia: *Deve-se escrever viajar e "viajem", pois se viajar é com "j", por que viagem é com "g"? Se a pronúncia de casa é "caza", por que escrever com "s"?* Pela racionalidade de suas regras, achava que sua gramática simplificaria a escrita e extirparia o analfabetismo. Como ocorreu a Policarpo Quaresma, ninguém o ouviu e alguns gramáticos quase o comeram vivo. Para aumentar a renda de funcionário público, instalou uma oficina de consertos de TV — a televisão mal chegara ao país. E disse: *Se os fabricantes se interessassem em nitidez da imagem, bastaria aumentar o número de linhas luminosas na tela* — e esta é a TV de alta definição de que hoje se fala. A cabeça aventureira, incendiária e nômade daquele homem fascinava o garoto pacato e delirante que eu era.

Num dia em que conversávamos — em que eu o ouvia é o correto —, após um café, acendeu o cigarro e soprou frondosa baforada. Talvez tenha descoberto ali que habitou o mundo sem entender sua lógica e pressentido que passara pela vida sem propriamente vivê-la. Sem ilusões e com a esperança embaçada, disse: "Sempre trabalhei pensando no futuro, me casei pensando no futuro, criei filhos pensando no futuro, e tudo o que fiz até hoje foi pensando que um dia o futuro chegaria e eu então diria: Ufa!, tudo está resolvido, a vida está ganha e estou feliz. E veja: estou velho, perto do fim, e o futuro não chegou." Morreu sem que eu voltasse a vê-lo e lhe dissesse que o futuro não chega nunca.

Aturdido, sem alcançar a extensão do que dissera, intuí o privilégio da confidência, e nunca esqueci a lição. Vivia tão desprovido de certezas na adolescência que acolhia as mais duras confissões como mantos que protegem com as suas verdades. Crescer é acumular proteções contra o frio, a chuva e a tempestade. A vida não está no futuro nem no passado, mas nesse fugaz instante que passa. Esse amigo que passou não morreu — o fim é o esquecimento, não a morte —, resta para sempre comigo. Mas que amizade seria para ele a minha se nunca fui capaz de lhe dizer algo útil, afetuoso, estimulante ou que aplacasse sua inquietação? Era tal a sua volúpia com a palavra que me consola pensar que me preferia silencioso.

Como um cacto, era áspero, intratável apenas para conservar pura a água que alivia a sede. No ser inquieto de espírito turbulento viviam extremos: cólera e amor, compaixão e dor, ternura e violência. Almas intempestivas criam abismos para os que lhe batem à porta com água fresca. Fecham com pedras a toca do coração. No escuro fundo da caverna, a solidão rói o elã vital. A serenidade veio tarde, por apatia alcoólica. Nunca teve paz para sentir a alegria de viver, além do secreto orgulho do talento dos filhos: engenheiro, médico, economista.

Guardo no peito um amigo de quem não consegui me fazer amigo — o que nos afastava já não nos afasta, vivendo em dois mundos — porque éramos duas pessoas, duas épocas, duas cabeças, dois corações. A cabeça dele falava, eu aprendia; o coração dele gritava, eu não ouvia.

A vida é uma mulher ao lado

Ao final da avenida Atlântica, no edifício Ypiranga, o elevador só vai até o nono andar; sobe-se a pé o último lance de escada. Aberta a porta, no amplo salão quase vazio, de piso, paredes e teto brancos, a janela acolhe, na extensão da fachada, praia, mas é Copacabana. Nesse ambiente silencioso, de iluminada calma, nasceram incontáveis desenhos que, mundo afora, viraram curvas de concreto, volumes suspensos, esculturas flutuantes — os primeiros na lagoa da Pampulha —, alçando-o à vanguarda da internacional arquitetura modernista.

Ali ele se dedica, com paixão de amante e alegria de criança, à rotina de 73 anos de profissão. O olhar parece brincar com as suaves curvas que risca no papel, sobre a velha prancheta à altura do peito. Aos 100 anos, Oscar Niemeyer cria o belo como se não existisse o tempo, sem separar vida, lazer e trabalho. À frente de vários projetos, parou o que fazia para uma conversa serena, sem tempo nem tema. A mim me bastam ouvir e admirar.

Olhar vivo e intenso, voz suave e frágil, palavras limpas, ideias claras, sorriso iluminado — onde, o século vivido?, me pergunto. Vendo-o, intuo que a longevidade deve muito ao trabalho criativo, à ausência de ódio e ao despojamento. Sua criação é espontânea, sensível, prazerosa, sem hora nem lugar: as formas se oferecem no meio do papo, no guardião de papel. Faz eco a Picasso: "Eu não pesquiso, está em mim." A curiosidade é astronomia, saberes vários. Estarrecido, aprendeu que o Sol é 1,3 milhão de vezes maior que a Terra: "Não consigo pensar esse tamanho!"

Pensa na vida e arrisca bela definição: "A vida é uma mulher ao lado, e seja o que Deus quiser!" Mas acha que a vida não é justa, nos leva para onde quer.

Critica a formação de saber único. Quem só sabe medicina ou arquitetura, ou etc. é um m... — o palavrãozinho soa natural. Impossível conversar sem cultura. Rodrigo Melo Franco de Andrade o influenciou porque exigia que lesse. Acha que os jovens devem ler muito, conhecer o país, o planeta e o universo. Por várias vezes cita a Escola de Niterói, que está criando para, em cursos breves, ampliar o horizonte dos que só sabem uma coisa. Lembra-se dos trabalhos com Darcy Ribeiro: a faculdade de engenharia deve ser próxima da de artes, a de história da de arquitetura, para os estudantes trocarem ideias sobre a vida, o mundo. Anima-se com a revista de arquitetura *Nosso Caminho*, criação recente sua, onde publica artigo de um militar: "Os militares têm o Brasil no coração." Com igual ênfase fala de seu novo livro, *O ser e a vida*, e mostra o prefácio de Fidel Castro, do qual pesco a frase: "Sem cultura não há liberdade nem salvação possível." Ri do mimo que o comandante mandou: com 1,60 metro de altura, Oscar some na farda. E quem o imagina fardado?

Não critica colegas, arquitetura é como religião: há fé e crença de todo tipo. Arquiteto pode fazer o que quer, reduzir apoios etc., mas o essencial é criar surpresas. Quem olha deve dizer: "Que m... é essa?" Dedica-se apenas à criação. Amigos cuidam do desenvolvimento, que ele apenas acompanha.

Acaba de concluir o Centro de Cultura Popular, a ser erguido em Brasília: a casca de concreto em onda assimétrica tem 120 metros de vão livre. Emocionado, lembra quando JK visitou pela primeira vez o recém-construído Palácio da Alvorada. O presidente pôs a mão em seu ombro e, vendo o sol se pôr entre as colunas, murmurou: "Que beleza!" Hoje, lamenta que a população das favelas de Brasília seja maior que a do Plano Piloto. Volta a se entusiasmar com o projeto em que está trabalhando, o Centro Cultural Príncipe de Astúrias, encomenda especial do rei da Espanha.

Vou para casa animado com o trabalho, apaixonado pela vida, com a sensação de ter passado a tarde com um jovem e inquieto artista; e de eu, sim, ter 100 anos.

O centauro e o abismo

Depois de aprender a fazer fogo, o homem resolveu cozinhar o alimento — impossível saber por que a ideia ocorreu, pois crescia e multiplicava comendo cru. Segundo os antropólogos, a passagem do cru ao cozido foi um grande salto civilizatório — se as cozinheiras soubessem que fizeram avançar a civilização, exigiriam lugar na lista do Nobel. Mas, ao cozer pela primeira vez o alimento nas mãos, uivou de dor, pois elas coziam junto — como uiva quem põe a mão no fogo, principalmente pelos outros. E o homem mostrou sapiência ao inventar a panela — pedra côncava, cabaça, concha, sei lá: o que viríamos a chamar de panela, que cozinha o cru sem fritar as mãos.

Mais que cozinhar na panela, o avanço foi criar um princípio, talvez maior que o próprio homem: quem não nasce capaz de realizar o que sonha, deseja e quer, em vez de se autocriticar como ambicioso, pretensioso ou visionário, que invente algo que realize o que sonha, deseja e quer. Este algo é sempre fora dele, extensão do seu corpo, que, aliás, permanece o mesmo — exceto o rabo, que, relata Darwin, caiu logo que o homem ficou ereto; e o crânio, que encolheu.

Antes da panela, o homem, sempre apressado — só na era pós-panela aprendeu que afobado come cru —, domou outros animais — camelo, boi, elefante, cavalo, burro, avestruz, homem etc. —, montou-o e passou a fazer as tarefas com mais rapidez e menos cansaço. Tenho dúvida de quem veio antes, se a panela ou a montaria — noutro dilema, sobre o ovo e a galinha, acho que o ovo veio antes; a galinha é melhor para comer (depois da panela, bem entendido) do que para ter ideia de fazer o ovo. Para opinar entre ovo e galinha, é preciso haver algo anterior a ambos, e não consigo atinar o que foi — ovolinha, galovo, sei lá.

Sempre apressado, o homem achou que o animal não era rápido o bastante e inventou o motor, com potência de vários homens, forte como quadrúpedes, potência essa que se mede em HP — *horse power* –, cavalo de potência. Continua montado em cavalos, só que agora de quatro rodas. Com a nova extensão do corpo, tornou-se o centauro, imaginado pelos antigos e realizado pelos contemporâneos: a cabeça — segundo Darwin, encolhida — e o corpo, de cavalo, sobre quatro rodas.

Insatisfeito, quis mais velocidade: resolveu voar, sendo mais pesado que o ar, sem ter asa nem pena. No fundo, sempre quis ser pássaro — um tal de Ícaro colou penas no corpo, saltou do penhasco e se estabacou no mar. Aprendeu a lição? Nada. Usou o princípio de não se autocriticar e inventar a extensão do corpo que realize o sonho: construiu um pássaro de corpo e asas metálicos. Como as asas não batiam, usou cavalos de potência para girar a hélice e impulsá-lo. E o mais pesado que o ar voou — o homem foi dentro, como se fora ele o pássaro. Seus pássaros maiores voam mais ágeis que o som, vão a lugares inimagináveis.

Insatisfeito com o cérebro que o permitiu cozer, correr e voar, quis dispor do máximo de informação à velocidade da luz e inventou a extensão do cérebro: o computador e a internet. É agora um centauro alado de quatro rodas com um computador no crânio. Encolheu o cérebro e reduziu o uso. Cada homem sabe muito mais de muito menos — uma ilha só reconhece outra ilha do arquipélago. Mas sonha com o voo incorpóreo, desintegrar-se aqui, reintegrar-se acolá.

Esgotada a extensão — o que ele pode —, volta-se à compreensão: o que ele é. Não há como inventar extensões para o que sonha, deseja e quer a alma — o ser, a subjetividade, a psique, ou seja lá que nome tenha isso que o homem é além do corpo —, essa coisa é um abismo obscuro, não muda nem se mostra, por mais que ele cozinhe, corra, voe. Estender-se não é entender-se.

Maneiras de dizer

Enquanto o escritor se desdobra para autografar exemplares da nova obra, aguardo na fila, livro à mão, num ritual que cumpro por noblesse oblige. Mas a insaciável curiosidade pelo mistério humano me excita mal intuo que uma alma pode se despir. A vida às vezes esquece que é injusta e a indulgência do acaso beneficia o cronista — este mendicante de flagrantes da realidade. Eis que na fila, justo à minha frente, o par maduro hesita se é um casal ou mera dupla de admiradores do autor — o avanço de um estágio a outro requer definições —, coisa que ela cobra e ele parece não saber como pagar.

"Hesitei muito antes de vir", diz ela. "Sempre fico confusa a seu respeito." Ele se vira de testa franzida, olhar perplexo por trás das lentes, num silêncio de quem não a entende ou não sabe o que dizer. Sem se intimidar nem se inibir, ela continua: "Você é muito dúbio. Me recebe com um abraço caloroso e depois me apresenta como amiga à sua colega. Se reclamo, se diz perplexo. Por que perplexo? Estou falando sério, não entendo você — e não sou uma dissimulada." As palavras firmes em tom suave fluem ornadas por sutil sorriso num semblante terno e acolhedor ao qual o tempo, sem ousar furtar a beleza, adicionou a nobreza da maturidade. Encanta-me a serena beleza de certas mulheres que perdem as ilusões mas não a esperança. Não ocultam o tempo passado: sabem que a vida só é percebida olhando-se para trás e só pode ser vivida olhando-se para a frente.

Por que ele não responde, não reage, limitando-se a folhear o livro, correr os olhos pelo salão e olhá-la quando ela silencia? Solidário à angústia interior do aterrado míope, ouso interpretar suas atitudes de homem vivido, sem beleza nem graça, mas com luz própria. Está se protegendo num cauteloso silêncio sem respostas? Ou admite a ambiguidade com resignada humildade? Está inseguro com as exigências de uma mulher que sabe o que quer, por sentir-se incapaz de satisfazê-la? Acha-a ótima companhia, agradável pessoa, mas recusa o papel de namorado ou marido, de triste memória? Prefere breve aventura sexual? Intui o risco de apaixonar-se e acha que não é hora? Encantou-se, e o temor de não ser compreendido o atemoriza? Apaixonou-se, mas se arrepia de pavor, por não estar preparado para renunciar à liberdade?

Ele é uma esfinge; ela, uma tagarela — quem se revela, quem se esconde? Torço para que a fila não ande; o que presencio é mais vivo do que o livro — incluindo o autógrafo.

Ela segue implacável: "Você vive dizendo que eu sou bonita. É pra alimentar meu narcisismo ou alguma forma de consolo? E foi irônico quando aquele idiota perguntou se eu era sua namorada e você disse 'Quem me dera?!' Ora, eu já me permiti tudo o que podia e o que não devia: viver um amor platônico por alguém que não dá mostras de querer nada além de amizade! Como você pode dizer que não me inspira confiança e que eu não tenho interesse em você? Tem confiança maior do que se revelar, mostrar o que se sente sem pudor? Eu te conto coisas íntimas, chego a ser ingênua com você. E o que é a paixão senão um interesse insano?! Você me toca, me revolve por dentro. Ir além disso é temerário. E ainda diz que eu sou atrevida por ser como sou. Não sei qual a impressão que eu passo a você. Eu sou isso: falo, me exponho, conto tudo, me desnudo. Você deve me achar louca ou ingênua. Mas é o que eu sinto, e quero que você saiba disso. Tudo que eu falo cai no vácuo do seu silêncio porque você não concorda comigo, nem se interessa pelo que eu digo. Mas eu digo assim mesmo. Pelo menos fico com a consciência tranquila de não omitir nada."

"Reconheço que tudo isso parte só de mim e não acha eco em você. Tenho a sensação de que eu caminho toda festiva na sua direção e você permanece parado no mesmo lugar, sorrindo carinhoso só pra não ser grosseiro. Relacionamento é reciprocidade, duas pessoas caminhando juntas na mesma direção. Por favor, eu não culpo você por isso. Sentimentos são o que de mais espontâneo a gente tem, não há como controlá-los."

Súbito, ele se vira, toma-lhe o rosto entre as mãos e, num silêncio voraz, sobrepõe os lábios aos dela e aplica-lhe o mais intenso, voluptuoso e prolongado beijo na boca, que desfaz a fila e deixa o salão alvoroçado. São muitas as maneiras de dizer o indizível.

No crepúsculo do outono

Na calma tarde de outono, de sol tépido e brisa suave, o casal toma sorvete sentado no banco do parque, sob a ramagem chorona de árvores centenárias. Ele usa jeans, tênis e boné branco, do qual escapam fios de cabelos nevados. Ela, um leve vestido claro de florzinhas azuis, chapéu branco com fina fita azul: cabelos brancos flutuam sobre os ombros. O sorvete dela é amarelo; o dele, marrom — ambos em copinhos vermelhos de papel.

Em porções comedidas, levam devagar o sorvete à boca, entregues à paz do bucólico recanto na cidade frenética. Movem a boca degustando o sabor gelado. Mantêm silêncio na fruição cúmplice, o olhar passeando, sem curiosidade nem surpresa, pelo céu, a copa das árvores, o repuxo de água cristalina na escultura que celebra em bronze o amor eterno do par apaixonado, as flores, a babá de branco, que lixa as unhas enquanto a criança se diverte com os pombos, o homem do outro banco, que finge ler mas os observa — é o cronista, no ócio criativo, aquele vácuo depois de concluir um trabalho e antes de ser fecundado pelo próximo, tempo de espairecer, de leituras leves, devaneios e contemplação.

O casal, quando olha, presta atenção; quando sorve, saboreia; quando ouve, escuta, em movimentos lentos, necessários e objetivos — não se dispersa nem desperdiça energia, nada se pode perder. O acúmulo de vida ensina a ser seletivo e exaurir todo o prazer do que resta. Com tudo mais lento, o mesmo gesto no mesmo espaço requer mais tempo. Não há mais pressa em nada, o que se faz é essencial e faz-se com dedicada atenção. Nessa idade, a vida está ganha.

Em silêncio, ela oferece o sorvete amarelo. Ele esboça a recusa e, num gesto carinhoso, ela aproxima a pazinha, ao que ele assente, obediente, e ela o serve na boca. Ele prova e aprova. Retribuindo, agora é ele que oferece. Ela não hesita nem negaceia: abocanha. E retém a mão dele, retirando-a devagar para sorver tudo. E sorriem, incluindo a gulodice nos divertidos pecadilhos da intimidade.

Parece que depois de longa convivência há mais lembranças do que esperanças e já não se conta com súbitos arrebatamentos, novas sensações, grandes surpresas. Gestos, sorrisos, carinhos e olhares têm a espontaneidade serena de quem trocou a expectativa pela certeza, a dúvida pela confiança, a volúpia pela ternura. E descobriu o prazer infindo de tomar sorvete em silêncio na tarde de outono.

Ele tira guardanapos de papel do bolso, oferece a ela, limpam as mãos e a boca. Ela encaixa delicadamente um copinho no outro, guardanapos e pazinhas, e tampa com a modesta elegância de quem passou boa parte da vida fazendo isso.

Eis que, correndo atrás dos pombos, a criança de repente estaca diante do casal. Os três se olham em silêncio. A babá paralisa a lixa, o cronista interrompe a leitura, a brisa estanca de ficar sólida, a água congela no repuxo, tudo para na expectativa do curto-circuito do passado com o futuro no presente. Tudo o que poderá ser se defronta com o que foi. Se, nesse átimo, o passado foi revisto ou o futuro foi previsto, nunca ninguém saberá: a força brutal do presente se impõe. A criança volta a correr atrás dos pombos. Ele se levanta com esforço, firma-se na bengala e ajuda-a a se erguer, os copinhos na mão. A babá volta à lixa, o cronista ao apaixonado par em bronze com seu cintilante repuxo. Ao ver o casal afastando-se devagar, ele com a mão no ombro dela, ela com a mão na cintura dele, num abraço ao mesmo tempo de carinho e apoio, se dá conta de que o sonhado amor eterno, celebrado em bronze, estava vivo na fragilidade do casal, no crepúsculo do outono.

Dona Celma

Toda Selma é com "s", mas ela era Celma com "c". Antes, quando ainda não me apaixonara por ela, apenas intrigava: por que a professora, que exigia que escrevêssemos as palavras de um mesmo jeito, escrevia diferente o próprio nome? Depois, arrebatado por avassaladora paixão, aquele "c" passou a incomodar. De intrigado virei envergonhado com a grafia que, para mim, estava errada; não a paixão: sempre silenciosa, devota e fervorosa, primeira a devassar o templo imaculado que, aos 7 anos, só minha avó e minha mãe frequentavam — aliás, com a abusada desenvoltura do amor incondicional.

Dona Celma, grandes olhos negros, cabelos curtos e reluzente aliança de noivado que torturava meu ciúme, inaugurou a fieira de paixões por professoras que correu da infância ao início da adolescência — desgraçadamente, nunca correspondidas. Depois dela, vieram dona Alda, que desenhava no quadro o rosto dos bem-comportados; a míope dona Cecília, que me infundiu ânimo de viver com lentes cavalgando o nariz; dona Clarice, que tocava piano e abria sobre a mesa o relógio de caixinha; dona Helena, de longas unhas vermelhas, saia justa e perfume adocicado — primeira mulher depois da mãe, elas ignoram seu poder de seduzir almas virgens. Como disse Montaigne, criança não é recipiente para se encher, mas fogo que precisa ser aceso. E como queima o coração de apaixonado pela professora! Condenado à indiferença, luta por migalhas de atenção! Na fase aguda, inibido pela autoridade, sonha até em ser adotado pela mestra amada. Quase esqueço da dona Otília, única que não amei: brava, dava beliscões e, num safanão, fez saltar o botão da minha camisa — aprendi que importante não é só o que se aprende, mas a forma como se aprende. Dona Celma até hoje dá aulas num iluminado oratório no meu coração.

Se professoras eram paixões, a escola era o lugar do prazer. Mais do que a casa, me afirmava e confirmava — num certo sentido, me constituía como pessoa — como objeto de atenção, afeição e distinção fora da família. Se um coro pressagiava iluminado o incerto futuro, me atirava ao desfrute do presente feliz — de futuro só se cogita mais tarde, e quando se o vislumbra, é inatingível. Daí a devoção pelo lugar, a função e a pessoa da mestra, cujo sonho é viabilizar o sonho do outro; discípulo, sentia-me amado, confortável e seguro. Ainda hoje me escapa como aprendi a ler e escrever — incluo sempre alguma magia. Talvez por isso tornei-me um dia professor, depois escritor, na busca de mestres definitivos, fontes de luz eterna, até entender que não existem; somos, todos, humanos, erráticos, mortais — e adultos, entregues à própria sorte. Mestra definitiva só dona Celma, que, não sendo a mãe, me pegava carinhosamente pela mão e, com o sorriso dos que confiam, erguia a lanterna para clarear a escuridão do mundo.

Muitos incensaram a professora em prosa, verso e música, reconheceram-lhe os méritos, expressaram gratidão — é o que, na verdade, lhe resta de alento. De reconhecimento tardio, reminiscência comovida e gratidão cantada, elas se cansaram. Anchieta, o primeiro mestre, fracassou com os índios e ainda legou o epíteto chauvinista de que magistério é sacerdócio. Não há no país um imbecil ou lúcido, arrivista ou ético, de safra recente ou antiga, que não repita, entre paternal e caridoso, a chorumela de que o futuro está na educação. Mas vida de professora não é a de quem tem a chave do futuro. A profissão perdeu o encanto, e as profissionais, o estímulo: as normalistas sumiram da paisagem. O futuro não pode estar na educação se as educadoras não têm futuro. E não há boa sociedade com má educação.

Em 15 de outubro de 1827 — daí ter sido ontem o Dia do Professor —, Pedro I definiu que o ensino fundamental deveria capacitar ao pleno domínio da leitura, da escrita e do cálculo; e fixou o salário do professor entre 200 e 500 mil réis — que, 180 anos e dezenas de moedas mais tarde, está entre R$ 680,00 e R$ 1.700,00. Num giro pelo país, quase dois séculos depois, daríamos ao imperador o título de Patrono da educação brasileira! Um esperto político paulista, que nada mais fez pela educação, criou o Dia do Professor, no entanto útil para nos lembrar que, embora esquecido, o professor segue construindo a nação nas salas de aula. Mesmo um quase nada como eu, muito do que sou devo às inúmeras donas Celmas que me pegaram pela mão e ergueram a lanterna que clareou a escuridão do mundo. A elas, minha infinda gratidão.

A crise de Wall Street

Otávio e Elisa, ele economista, ela psicóloga, são um casal moderno que, sem urgências materiais, desfruta do conforto e da alegria de viver e proporciona aos filhos, Juliana, 16 anos, e Marcelo, 14, bons colégios e educação liberal.

Bonita e alegre, Juliana vive assediada por vizinhos e colegas. Flerta com um e outro, sai com um ou outro, sem se envolver com nenhum. Até que entra em cena Rodrigo, 18 anos, e, três filmes, uma pizza e dois chopes depois, irrompe em ambos a primeira paixão. Arrebatadora como toda paixão, sem limite como toda primeira vez, impõe dedicação exclusiva e integral. O mundo — amigos, pais, estudos, tudo — sai de foco. Vivem grudados, só veem um ao outro. No recreio, em colégios diferentes, falam pelo celular, e durante as aulas trocam torpedos. Se, raro acaso, estão em suas casas, o Messenger está sempre conectado.

Os pais simpatizam com Rodrigo, que fica amigo de Marcelo. Elisa acompanha com animado interesse a emoção da filha, lembrando a paixão que inaugurou seu próprio coração. Às vezes treme de medo que Juliana sofra — consola-se: sabe que paixão inclui sofrer —, mas o entusiasmo domina a cumplicidade de mãe e filha. Otávio compartilha da animação da esposa, às vezes inibida pela ponta de ciúme, que ele, pai moderno e liberal, aprendeu a reprimir.

Corpos apaixonados ardem, o desejo freme. Filha moderna, Juliana diz à mãe que vai transar pela primeira vez. Depois de ouvir a filha dizer que ama Rodrigo, e de repetir o ritual do sexo seguro, exige que a transa seja em casa: não admite no carro, na casa dele, nem em motéis imundos e pecaminosos. Vai providenciar viagem de fim de semana com o pai e o irmão, e a presenteia com lingerie à altura do momento. Dá a notícia a Otávio, que, em silêncio, luta com valores ultrapassados e acaba aceitando — é um pai moderno! Na volta da viagem, Elisa leva Juliana para jantar fora, numa noite de confidências íntimas entre mãe e filha.

Rodrigo passa a dormir regularmente no quarto de Juliana. O café da manhã inclui o novo membro da família, quase-filho nascido adulto. No começo, Otávio estranha, mas logo incorpora à rotina de pai moderno. Não por muito tempo: quatro meses depois, Rodrigo some como surgiu. Paixões se vão como o verão.

Logo surge Beto, novo quase-filho, esportista afoito que na segunda semana já dorme no quarto de Juliana, discute futebol aos gritos com Marcelo e senta sem camisa para o café da manhã. Otávio queixa-se com Elisa, que se recusa a inibir o namorado da filha, e culpa Marcelo por acirrar os ânimos. O pai decide ir mais cedo para o trabalho. Três meses, e Beto some como surgiu. Paixões, verão etc.

Depois é o Guilherme, que irrita o bairro com sua moto turbinada; o Fred, que balança o corpo sem parar e não ouve ninguém, com MP3 no ouvido; o Heleno, cujo cachorro o segue o tempo todo, até quando namora; o Oscar, o Carlos Alberto, o Walfrido, que come de boca aberta (e Otávio, enojado, manda o inocente Marcelo fechar a boca); o Aloísio, que passa horas no banheiro e assiste à TV madrugada adentro; e o Thadeu, que dorme duas noites e viaja para Miami.

Uma noite, Juliana entra na sala com Nestor, apresenta-o aos pais e avança, até Otávio indagar: "Filha, Nestor é seu novo namorado?" Contrafeita, Elisa olha pela janela. Juliana mira Nestor de alto a baixo: "Ainda não. É só ficante." Otávio explode: "Não! Isso não pode! É preciso ter limites para o comportamento! Até pais liberais precisam de regras, normas e leis, senão vira anarquia! Trazer para dormir em casa, só se for namorado!" Juliana encara o pai, depois a mãe, e avalia Nestor: "Mas, papai, como eu posso saber se quero namorar o Nestor antes de ficar com ele?" E, puxando o rapaz, desaparece no interior da casa. Elisa faz Otávio sentar, e os dois passam a avaliar os efeitos da crise de Wall Street na vida familiar.

Validade vencida

João Leno, nome com que seu pai homenageou um dos Beatles, só põe os pés no chão às 6 da tarde, quando desce o andaime da firma de limpeza de vidros onde trabalha. Passa água no rosto, troca de roupa e, com a pressa dos apaixonados, corre para a Central do Brasil, onde o espera Nice Pereira — "mas pode me chamar de Nicinha" —, na ponta dos pés, olhando ansiosa sobre o mar de cabeças, à procura do noivo. Caixa de supermercado, ela encerra o expediente uma hora antes dele, mas faz questão de esperá-lo. Hora e meia em pé no trem até Japeri, nem ligam se estão enlatados feito sardinha: querem mesmo ir atracadinhos, mordendo a pontinha da orelha, murmurando juras de amor — "O povo reclama, mas pra mim é a melhor hora do dia; graças a Deus que a gente é vizinho; as meninas lá do serviço morrem de inveja."

No meio da multidão afobada, o encontro é suave e carinhoso: ele a puxa pela cintura, boca armada para o beijo, que ela acolhe com fervor e sem pudor. Saciada, ajeita-lhe o colarinho da camisa num gesto maternal, trocam duas palavras e três sorrisos. Seguro e orgulhoso, ele pousa o braço protetor sobre o ombro dela e avança pela plataforma; ela o segue altiva, amada e amando. Mal entra no vagão, o casal é surpreendido pelos gritos do fiscal: "Ei, separa aí! Homem aí, não! Ela pode, mas você só no vagão masculino." Perplexo, o casal não entende o que diz o fiscal: "A lei municipal entrou em vigor hoje. Homem não viaja mais em vagão de mulher." Leno reage: "Que lei é essa, que nunca ouvi falar?" O fiscal fala, atento à reação dos passageiros aos outros fiscais: "É lei municipal. Se não sabia, agora sabe. E vocês estão fechando a passagem; melhor que ela entre logo nesse vagão e você, naquele." Injuriada, Nicinha tenta uma saída: "Mesmo noivos, a gente tem que ir separado?" "Fossem casados, fosse mãe e filho, pai e filha, avó e neto. Agora é que nem mictório: tem vagão de homem e de mulher." Leno esboça um protesto, mas um dos PMs que protegem o fiscal adverte: "Lei é lei."

O fiscal avalia Nicinha da boca à coxa; fala melífluo: "É mulher dele?" Leno encrespa: "Não, por quê?" Ela se ofende: "É o mesmo que ser, amor. Questão de meses!" O fiscal come Nicinha com os olhos: "No vagão lotado, os caras se aproveitavam das mulheres, você sabe disso. Se encostavam, se esfregavam, já deve ter sentido." "Assédio sexual", tipifica o PM: "Crime grave." O fiscal ignora o PM: "Umas histéricas armavam o maior barraco: 'Tem tarado no trem! Tarado no trem!' "Nunca gritei isso!", reage Nicinha. "Odeio escândalo! Tenho pavor!" "Foi o que imaginei de você", diz o fiscal. "Deve ser das que são compreensivas com o trem lotado...!" Leno intervém: "O que está querendo dizer da minha noiva?" "Quase esposa, amor", completa Nicinha, "questão de meses!" E o fiscal: "Aí, os passageiros partiam pra cima do tarado; todo dia tinha linchamento." O PM decreta: "Com a lei, o assédio acaba."

Num descuido dos fiscais, um camelô entra todo pimpão no vagão de mulheres — a gritaria estridente ecoa pela estação: "Fora daqui! Xô! Polícia! Vai caçar a tua turma!" – e recua escabreado, sob o olhar do PM. Assustado, procura outro vagão. Aos gritos e acenos, as mulheres zombam das janelas. Leno e Nicinha fazem contas para irem de ônibus — a grana não dá. Avaliam os vagões: o feminino, limpo e vazio, mulheres conversando, rindo, sentadas com conforto. O masculino, sujo e abafado, recende a suor de homens colados em pé, sem poder se mexer; pagode rola solto ao fundo.

Ao sinal de o trem partir, o casal hesita. O fiscal e os PMs esperam. Num rompante de desejo e irritação, eles se beijam com cinematográfica voracidade. Das janelas dos vagões rostos cúmplices assistem à cena. Sem tirar os olhos dos olhos, Leno e Nicinha seguem contrafeitos para seus vagões. Nas janelas, o riso inicial dá lugar à compaixão, à decepção e, por fim, à revolta. Quando as portas se fecham e o trem parte, irrompe uma estrepitosa vaia com coreográficos gestos obscenos e chuva de objetos que obrigam fiscais e PMs a se protegerem. Pelo primeiro dia, parece que separar corpos de homens e mulheres, que nem eles sabem domar, é mais uma lei que nasce com validade vencida.

Encontros na esquina

Vazia, a caixa do instrumento aberta na calçada espera as notas e moedas que possam pingar da infinidade de mãos que passam apressadas. Mas o som melodioso não chega aos ouvidos dos transeuntes, coberto pelo ronco de ônibus e carros. Rosto vermelho, as veias do pescoço saltadas, o artista cerra os olhos, recolhe-se a si próprio, ergue e baixa o saxofone, gira e contorce o corpo, numa dança sem par nem plateia. Empenha-se para que cada nota soe cristalina e as seguintes acorram num ritmo cuja sucessão emocione. Se a música não alcança o coração de quem cruza a esquina, sua caixa permanece vazia.

É o que vejo quando, esperando abrir o sinal, me viro para saber de onde vem o som que morre no meu ouvido. Frente à estante de partituras, úteis só nas primeiras notas de cada música, ele é uma ilha de sons num rio de indiferença. Corpo único ou par inseparável, sopra uma metálica extensão de si mesmo — recurvada, fosca, gasta e envelhecida, mas tocada como quem beija e acaricia a mulher amada. Certa complacência é necessária — desafina, entrecorta notas, hesita no ritmo. Harmonia perfeita se alcança quando o som responde mais ao desejo do que ao toque. Não é o que se chama tocar com a alma? Uma cadeira de rodas desliza na correnteza, conduzida pela acompanhante de branco. Sentada, uma senhora de cabelos grisalhos, corpo frágil, rosto anguloso e olhar firme, que, mal ouve o som do sax, ergue a mão — e a cadeira estaca. Move a cabeça, a cadeira gira na direção do som. Outro gesto: estaciona junto à caixa. Queixo na mão, ela dispõe-se a ouvir, para desgosto da acompanhante, que não disfarça o constrangimento. Ao dar-se conta de que, enfim, tem audiência, embora pequena e dividida, o saxofonista ergue as sobrancelhas em saudação e vira-se para ela. Numa tomada de ar, reúne o que a vida lhe deu de talento e sensibilidade e o que aprendeu de técnica e astúcia. O ímpeto é de abertura de show. Esquecido de mim e das minhas obrigações — cuja primeira é não cumprir as demais —, encosto no poste para apreciar a rara cena: uma pessoa criar e outra assistir.

Empolgado, ele muda de gênero, época e estilo com versatilidade à altura do repertório. Ela fecha os olhos em êxtase, acomoda-se na cadeira. Um leve sorriso se desenha nos lábios finos. Com o tempo, a ilha cresce e estreita o leito do rio de indiferença. O fluxo adensa, surgem ondas que se chocam. Alguém fica agarrado, e outro e outro. E forma-se a aglomeração — moedas pingam na caixa. Irritada, a acompanhante larga a cadeira e vai encostar-se na parede, à margem do rio — a senhora não percebe. Cada música parece arrastá-la a um outro lugar, outro tempo, outra história, quem sabe outra vida.

Ali estão, penso, duas pessoas que nunca se viram, de vidas radicalmente diferentes, que o acaso reuniu numa esquina da vida. Eis que o intocável, intangível e inefável som criado por uma invade, sem qualquer toque físico, os recônditos da outra. Fustiga sua sensibilidade, revira seu passado, açoita seus segredos — a emoção que sente é sua vida e seu mistério. Ou — penso de novo — será que se conhecem, e o mistério, então, é outro?

Roupa molhada, suor descendo pelo rosto, ele toca "Carinhoso". Ela tem estremecimentos de balançar a cadeira. Ouve de cabeça baixa, mãos cruzadas sobre o colo. Na parte que diz: "Vem, vem, vem sentir o calor...", três colegiais cantam juntas — e o músico aprova. Outros presentes se animam, e não demora um inesperado coral se apresenta, às três da tarde, numa esquina qualquer. No contagiante fervor musical das ruas, me descuido da cadeira. Eis que é ela quem canta arrebatada, a plenos pulmões, os braços abertos, rosto molhado de lágrimas. Parece fora de si. Ou melhor, parece ter se encontrado consigo mesma em algum outro lugar, em algum outro tempo, quem sabe, alguma outra vida.

Finda a música, ela respira aliviada e serena. Tira da bolsa uma nota de 100 reais, solta na caixa. O artista para de tocar e agradece. Ela olha em volta; não vendo a acompanhante, move a cadeira com as próprias mãos e, sozinha, avança entre as pessoas, parecendo ter encontrado o que queria. Vou ficando por aqui, sem saber em que esquina me encontro.

Morte e ressurreição

Filhote de poucos dias, alguém o deixara na esquina dentro de uma caixa de sapato. Frágil e trêmulo, o vira-lata estava prostrado. Nem conseguia se mover, as patas esmagadas pelo próprio corpo, e mal gania sua dor — leves grunhidos, quase gemidos. No dorso a terrível imagem, que por anos foi minha referência de horror. Um escuro enxame de vermes, bichos em estado larvar, avançava em linha rumo à cabeça, devorando o que restava dos brancos pelos. Ignoro se eram pulgas, percevejos, pequenas lagartas — uso verme para sugerir a repugnância. Inerte, o cão deixava-se escalpelar pelo mar de minúsculas sanguessugas. A imagem mais próxima seria um ataque de gafanhotos a uma plantação. Após a passagem da negra onda, não restava nada além da carne vermelha exposta em pústulas. Os estertores da agonia diante dos olhos assustados e impotentes de duas crianças de 6 anos.

O amigo recuou enojado e incitou-me a imitá-lo. Aquilo me causava repulsa, mas, por um insondável mistério, também me fascinava. Rendi-me à irreprimível curiosidade infantil diante do jamais visto, embora varrido pelo ímpeto de sair correndo, talvez por transferir ao meu corpo a arrepiante sensação do purulento formigamento, imaginando-me, eu próprio, submetido àquela devastação — seria, penso agora, uma precoce antevisão do festim dos despojos? Chocante, o sofrimento do animal clamava uma atitude. Mas qual?

Meu amigo sabia. Reaproximou-se e diagnosticou: "Está morrendo." E o verbo sinistro, que volta e meia ouvia de vozes consternadas ao meu redor, e que já me tinham explicado tratar-se do inevitável, irreversível e irreparável desenlace, materializava-se à minha frente. Paralisado pelo torpor e o medo, entreguei-me a desvelar o que o acaso me oferecia: "Então é isso. Então é assim..."

Prático e objetivo — admiro pessoas que nascem sabendo a distinção pão-pão-queijo-queijo e deixam a metafísica para as horas de contemplação, ou nunca se ocupam dela! —, meu amigo decidiu: "Vamos levar." Assenti, aliviado, sem atinar para onde o levaríamos, nem o que faríamos com um ser do qual a morte estava se apossando. Ele sabia — diabo de índole contemplativa, que me faz coadjuvante das minhas próprias histórias! —, e sabia tanto que ordenou: "Pega a caixa." "Euuuuuuuu...?", amofinei, pálido de espanto. "Pegar a caixa da morte?" E ele, bravo: "Pega!" Práticos costumam ser afoitos e até truculentos, ignoram as limitações alheias; admirá-los, sim, porém sem perder a altivez: "Eu não", reagi. "Pega você!" "Não quer salvar o bicho?", ele disse, impaciente com a minha covardia, e, resoluto, pegou a caixa. Partiu em silêncio. Humilhado pela sua grandeza moral, segui-o até o porão da casa dele — refúgio da operação clandestina.

Com urgência e sigilo, iniciamos a missão, liderada pelo meu amigo. Foram jatos de água fria, depois quente, e um banho de álcool. Os vermes debandaram e a mancha clareou, embora em lugar da pele restasse a carne em rubras pústulas. Porém, o animal, que sacudira e ganira, prostrara-se inerte, gemendo fraco. Parecia ter piorado. Com a decepção, ocorreu-nos o óbvio: é fome! Cada um na sua casa, expropriamos o que achamos: pão, leite, ovo cozido, arroz, salada e até bala de goma. Outra vez o óbvio: falta osso. Do açougueiro arrancamos ossos enormes e cercamos o bicho de comida. À noite, o facho da lanterna revelou tudo quase intacto. A aflição nos levou a arrancar sugestões dos desconfiados adultos. Do fala-e-não-diz, que mais esconde do que pergunta, restaram vagas respostas. Dia seguinte, o farmacêutico atendeu dois pirralhos que falavam de hipotéticas doenças de um remoto cão.

Após esperta lábia, sutil chantagem infantil e dois cofres vazios, voltamos ao porão com algodão e remédio. Sob o pacto de silêncio, visitas furtivas e contrabando de alimentos, a semana passou sem despertar suspeitas. O cãozinho convalescia. Só então surgiu coragem de tocar no bicho e, após fecundo debate sobre anatomia canina, meu amigo decidiu que se tratava de uma cadelinha. E o meu ponto de vista prevaleceu pela primeira vez: foi batizada como Morte — nome mais infeliz, impossível.

Morte nos trouxe muita alegria. Logo se ergueu e andou. Antes de correr, latiu. E, por latir, ficou arriscado mantê-la no porão. Mas não foi difícil passar a Morte adiante. Embora despelada, estava curada e esperta. Surgiu até a tentação de adotá-la, mas desistimos. Uma vizinha idosa a acolheu

— tivemos o bom-senso de não revelar seu nome. Ao lembrar-me de Morte, saltitante e eufórica, e compará-la com o animalzinho que agonizava na esquina, sou inclinado a crer que aos 6 anos aprendi os vestígios do que se chama morte e ressurreição. Com os dois entendi também o que é esperança.

Este livro foi composto na tipologia Minion
Pro regular, em corpo 11,5/15,7, e impresso em
papel off-white 80g/m² no Sistema Cameron
da Divisão Gráfica da Distribuidora Record.